金融化

戴险峰 著

Financialization

经济管理出版社
ECONOMY & MANAGEMENT PUBLISHING HOUSE

图书在版编目（CIP）数据

金融化/戴险峰著 . —北京：经济管理出版社，2017.5
ISBN 978 - 7 - 5096 - 5027 - 1

Ⅰ.①金…　Ⅱ.①戴…　Ⅲ.①金融—研究　Ⅳ.①F83

中国版本图书馆 CIP 数据核字（2017）第 054008 号

组稿编辑：宋　娜
责任编辑：宋　娜　周晓东
责任印制：黄章平
责任校对：雨　千

出版发行：经济管理出版社
　　　　　（北京市海淀区北蜂窝 8 号中雅大厦 A 座 11 层　100038）
网　　址：www. E - mp. com. cn
电　　话：（010）51915602
印　　刷：玉田县昊达印刷有限公司
经　　销：新华书店
开　　本：720mm×1000mm/16
印　　张：14.75
字　　数：213 千字
版　　次：2017 年 5 月第 1 版　　2017 年 5 月第 1 次印刷
书　　号：ISBN 978 - 7 - 5096 - 5027 - 1
定　　价：88.00 元

谨以此书献给我的母亲徐兴娥及父亲戴朝滨

一个值得深入研究的
货币金融学新问题

　　金融与实体经济的关系，一向是极其重要但颇具争议的研究课题。在2007~2008年发生的全球金融与经济危机中，高债务和高杠杆的兴风作浪，更使这一论题成为全社会关注的热点。在中国，随着经济增速减缓以及货币金融政策效率递减，人们也开始关注高债务和高杠杆问题。很快，对于高杠杆率的关注便与中国本土产生的老问题，如M2占GDP比重过高、信贷增速过快等结合起来。一时间，"金融应当服务实体经济"，几乎成为所有文件、文章、讲话以及各类会议的箴言。近两年，随着国内"经济发展新常态特征更加明显"，另一个与此相近且彼此应和的命题——制止金融"脱实向虚"，又不胫而走。金融与实体经济的关系，涉及相当广泛的领域，其中，金融与实体经济的彼此渗透关系，是一个十分重要的方面。

　　传统的主流经济学对金融是不重视的。在古典经济学的眼界里，金融（更严格地说是"货币"）与实体经济的关系是一个宏观问题，尽管当时还没有用宏观经济学的概念来指称这种关系。古典经济学认为，货币与实体经济是彼此分离的，因而，货币无非只是罩在实体经济上的"面纱"；它决定的是物价水平的高低。至于由货币衍生出的金融活动，也没有改变货币与实体经济之间的宏观联系，只是在资源配置这一微观经济运行的层面上，加入了一项成本要素（利率），从而对资源配置的效率产生一定影响。尽管如此，在古典经济学的框架里，货币金融对于实体经济而言，本质上是中性的，企图运用货币金融政策来影响实体经济运行，或可产生短期冲击，但长期终归无效。

在理论界，最早企图突破金融与实体经济"两分"框架的是瑞典经济学家维克赛尔。他致力于在金融世界和实体世界之间找到一座"由此达彼"的桥梁。在他看来，利率就是这座桥梁：通过货币利率和自然利率对应调整、相互靠近的"累积过程"，引致储蓄和投资、供给（生产）和需求发生方向相反的变化，最终驱使均衡达成，进而决定经济活动的总体水平；而利率结构的变化，则可能影响资源配置的效率，进而影响经济活动的总体水平。凯恩斯继承了维克赛尔的分析思路，并将之发扬光大。不过，他的主要贡献是将维克赛尔的天才思想引入了说英语的国家。然而，尽管凯恩斯开了宏观经济学的先河，但是，在金融与实体经济的关系上，他并没有较维克赛尔走得更远。在此之后，尽管凯恩斯主义、"新凯恩斯主义"、"凯恩斯主义的反革命"、"货币主义的反革命"等"你方唱罢我登场"，争论得不可开交，但在实体经济和金融的关系的研究上，能够称得上革命性的理论贡献，似乎并没有见到。这样，虽然金融在人们日常生产和生活中显得极为重要，但是，在主流经济学的理论体系中，囿于有效市场假说，金融因素始终未被系统性地引入宏观经济学一般均衡模型框架，从而一直委屈地在经济学家族中居于"庶出"地位。

20 世纪 70～80 年代，信息经济学、新增长理论和新金融发展理论兴起，开始打破传统金融研究的僵局。从金融功能的角度研究金融发展对经济增长的影响，为现代金融发展理论的形成和发展奠定了基础。2007 年全球金融与经济危机以来，经济学界重构宏观经济理论和金融理论的努力获得了新的刺激，从而有了一些新的进展。努力的基本方向，就是将金融作为内生性体系纳入（刻画实体经济的）动态随机一般均衡模型。在这方面，伯南克和格特勒做出了主要贡献。

入手之处，是在模型中引入企业资产负债表效用。在伯南克和格特勒看来，作为引起经济波动主要因素的投资水平，高度依赖于企业的资产负债表状况。具体而言，企业现金流的多寡、资产净值的高低，对于投资有直接或间接的正面影响。如果企业资产负债表是健康的，其现金流充裕，资产净值也高。这种状况的直接影响，是增加了企业内源融资的来源，降低企业的融资成本；间接的影响则在于，充裕的现金流和高净值为其进行外源融资提供了更多的抵押品，从而降低了其外源融资的成本。当企业遭受到经济中的正向冲击或负向冲击，其净值随之升高或降低时，经由信贷市场的作用，这种冲击对经济的影响会被放大，出现"金融加速器效应"。简言之，存在着这样的逻辑链条：一方面，企业资产负债状况的改变能够引起投资的变化，投资的改变会进一步引起下一期产量的变化，从而造成经济波动。另一方面，随着金融创新的不断推展和金融自由化的不断深入，金融市场波动日趋剧烈，而且显示出强烈的顺周期性和"超调"的特征。这种状况与资产负债表效应彼此呼应，相互强化，使得实体经济呈现出"繁荣—萧条"的新的周期特征。如此，金融因素及其变化便被纳入主流经济分析模型之中。

值得注意的是，当主流经济学的探讨徘徊于从实体经济的立场来解释实体经济与金融之间的关系时，实践却把这一命题引向了另一个方向——实体经济的金融化。用非专业的眼光来观察，人们看到的是，金融作为一个服务行业，在人类生产、生活中已经无处不在，金融业增加值在各国 GDP 中所占比例越来越高，金融从业人员的收入在社会各类人群中名列前茅，金融对宏观经济政策、社会生活、文化乃至意识形态的影响都日益增大。

然而，在理论层面讨论经济的金融化，则须有更为专业的分析视角，经济的证券化率（各类证券总市值/GDP）、金融相关比率（金融资产总量/GDP）不断提高，证券市场年交易量、信贷余额、年保费收入、外汇日交易量等对GDP的比率稳步上升，贸易相关的资本流动与非贸易相关的资本流动的比率的逆转（20世纪末已达1：45），都使得金融上层建筑日益膨胀，并进一步改变了人们之间的经济关系，使得债权/债务关系、股权/股利关系、风险/保险关系等金融关系占据了统治地位。

在一般人看来，货币金融与实体经济是泾渭分明的。然而，经过专业训练的经济学者都清楚地知晓：货币金融与实体经济之间的界限从来就不是非此即彼的。马克思早就指出："货币是和其他一切商品相对的一般商品"（《马克思恩格斯全集》（46卷），第90页），这就从起点上揭示了货币和实体经济（商品）的同源性。在人类历史上，货币确曾固定地由某些商品（如黄金）来充当，但是，自从货币被信用化之后，金融活动日趋多样，货币金融与实体经济的界限更为模糊。尤其是近几十年来，经过层出不穷的金融创新和持续不断的金融自由化，实体经济已程度不同地被"金融化"或"类金融化"了。

在实体经济金融化的过程中，发挥关键作用的是金融的一个基本属性——流动性。在货币金融世界里，一种资产是否是货币，是依据其流动性高低来确定的。所谓流动性，指的是一种资产转换为交易媒介的难易、快慢和受损失程度。一种资产有了流动性，便就有了一定程度的"货币性"。货币当局总是将定期存款、储蓄存款和外币存款等合称为"准货币"，根据就是：它们较其他资产具有较高的流动性，因而可称作"货币"；但较之现金和活期存款，其流动性较低，因而只是接近货币（准）而已。

一种资产流动性的高低，由该资产之市场状况决定。一种资产的市场如果具有较高的密度（Tightness，即每笔交易价格对市场中间价格的偏离幅度较小）、较大的深度（Depth，即较大规模的交易都不会对市场现行价格产生显著影响）和较大的弹性（Resiliency，即由交易引起的价格波动向其均衡价格收敛的速度越快），则称该资产具有较高的市场流动性；资产的流动性越高，其货币性越强。根据这一界说，现钞、活期存款等我们常识中的货币，无非只是拥有最高流动性的资产而已。

显然，一种资产的金融化，是通过提高该资产市场的流动性产生的。问题恰恰在于，近几十年来的金融创新，其不懈的动力和客观的结果，就是提高了所有资产的流动性。举例来说，房地产历来是流动性最差的资产，但是，经过一级又一级的证券化和信用增级，基于庞大的市场交易规模，与房地产相关联的金融资产如今获得了很高的流动性。正因如此，在危机之初，美联储才将用于投资的房地产归入金融一类，将之与实体经济相对立。

如今，在普通投资者资产配置的选项里，其"实体性"不容置辩的大宗产品，霍然就与其"金融性"毋庸置疑的固定收益产品和汇率产品等量齐观；时下稍具规模的投资机构，都会在旗下专设 FICC 部门，即将固定收益（Fixed Income）、货币（Currency）和商品（Commodity）统一在一个逻辑框架下加以运筹。仅此一端就告诉我们，如今讨论金融和实体经济的关系，根本的难点之一，在于缺乏清晰的概念界定和不含糊的分析前提。要解决这一难题，恐怕需要另辟蹊径，从实体经济的金融化入手，将实体经济和金融经济同炉熔炼。

从历史发展来看，金融化现象发端于工业资本主义向金融资本主义的转化时期。与传统经济学不同，基于实体经济全面金融化这一事实所展开的货币金融理论，从一开始便将金融视为经济的一个有机组成部分，并从此出发，全面分析金融如何影响实体经济的生产和收入分配，以及金融的泛化如何对社会和文化产生冲击。从涉及的学科范围来看，有关金融化的研究，整合了政治经济学、社会学、政治学及历史学等众多学科的研究成果。

本书的作者戴险峰是我在中国社科院指导的博士研究生。他受过良好的经济金融理论基础训练，而且有较丰富的国内外金融市场操作经验。读书期间，他经常同我谈起大宗产品的金融化，以及整个金融市场中金融与实体经济相互融合的趋势，可以说，本书正是他读书期间不懈探讨和深入思考的结果。本书建立在对大量文献的深入研究及作者多年的金融从业实践的基础上，体例清晰、逻辑紧密，既有理论深度又有实践意义，相信能对学术研究、政策制定乃至投资决策等提供助益。

值此《金融化》付梓之际，我写下以上思考，对戴险峰博士表示祝贺，同时，也借以求教于同行。

国家金融与发展实验室

李扬

2017 年 4 月 24 日　于紫竹公寓

前　言

一、本书内容

本书研究的是金融化。金融化研究的是金融资本主义，以及金融资本主义对经济及社会产生的冲击，本质上是对金融与实体（包括经济及社会各层面）关系的研究。

作为一门学科，金融化传统上属于政治经济学范畴，发源于早期政治经济学尤其是马克思主义政治经济学对金融资本主义的研究。早期的金融化研究重点是金融资本主义对收入分配造成的不公。

20 世纪 90 年代末到 21 世纪初开始，包括政治科学、社会学、人类学、地理学及经济学等领域的学者开始以金融化为概念与框架，来分析发达政治经济体一系列结构性变化（van der Zwan，2014）。现代金融化研究试图理解日益独立存在的全球金融体系如何改变工业经济运行的内在逻辑。

2008 年金融危机后，西方主流经济学掀起了对金融与实体关系的研究热潮。这是传统经济学在金融化方面的研究，强调金融及信贷周期对经济周期所产生的冲击。不过，主流经济学在新古典经济学框架下依然是将金融作为一个分配效率问题，而不是作为经济体系的一部分进行分析（van der

Zwan，2014）。

本书遵循金融化领域逻辑，将金融作为经济系统的一个有机组成部分进行分析。内容上，力图对金融化现实的发展及金融化学科的各项研究进行综述，对传统经济学关于金融与实体的研究进行归纳，并提出新的见解。本书致力于将金融化学科的研究与传统经济学的相关研究进行整合，以形成一个完整的研究和分析框架，为金融与实体关系讨论提供理论基础。本书将重点研究经济领域的金融化，包括金融周期与经济周期的互动以及大宗商品的金融化。对金融化的其他相关内容，如企业、家庭与政府的金融化，以及金融化对社会与文化的影响等，本书仅做一般性论述，不详细展开。

二、金融化概念内涵

现实中，金融化已经渗透到人们生活的方方面面。金融市场日益成为家庭、公司及政府日常活动的核心（Davis，Kim，2015）。金融化影响了经济周期与资产价格，还广泛影响公平及文化伦理等。

但金融化并没有权威的精确定义。学术界普遍引用Epstein（2001）的定义："金融化指在国内及国际层面，金融市场、金融动机、金融机构和金融精英在经济运行和治理方面变得越来越重要。"

具体来说，金融化包含如下方面：

宏观层面的金融化指金融市场及金融工具（包括衍生品）的迅速发展，以及金融发展及金融周期对经济周期的冲击。金融化通过改变企业与个体行为，会改变宏观经济周期。一些学者还认为金融化通过收入分配的改变而降低了社会总需求，从而造成经济增长的减缓。而金融自身的不稳定性则带来了实体经济的不稳定。从金融市场结构看，金融化指直接金融日益取代间接金融，而在融资方面变得越来越重要。

中观层面的金融化包括大宗商品、房地产等行业的金融化，以及金融行业在经济中的地位与重要性的提升。大宗商品的金融化导致大宗商品具有了金融属性，价格的波动率及相关性都相应加大。房地产市场的金融化导致房地产价格的变化规律也发生了转变，个人住房的居住功能被弱化，而投资与投机功能被强化。金融行业则因为金融化的发展而提高了其在经济中的地位。

微观层面的金融化包括企业与个人对金融市场的依赖，以及因为金融化而发生的行为的改变。公司层面，公司治理原则转为股东至上；管理层更加重视股价的短期波动；非金融企业更多采用金融工程手段来提高利润，甚至直接介入金融业务。个人层面，家庭资产中金融资产占比大幅提升，消费行为因为信贷可获得性的提高而改变。

政策方面，金融化的发展体现为各国政府普遍采纳有益于金融发展的政策，包括推行金融自由化（监管放松、减少资本控制）、建设股票市场以及促使中央银行独立于政治决策过程（Polilo，Guillen，2005）。

三、金融化学科发展

从学科发展来看，早期金融化研究的是资本主义从工业资本主义向金融资本主义的演变，认为金融化是工业资本主义进入成熟阶段后，食利者（Rentier）阶级的必然选择。世界系统理论（World System Theory）则认为，金融化是对美国在世界政治中的霸权地位的保护（Arrighi，2010），历次霸权（如荷兰和英国）的更替都以金融化为特点——霸权国家在晚期就开始了金融化过程。

经济社会学认为，金融化是宏观经济条件、法律法规变化及技术进步等各种因素综合作用的结果。监管放松及公司并购市场的发展是促进公司金融化发展的重要因素。

政治社会学则认为，金融化是由政府对20世纪70年代行政管理危机的政治反应而引发的。当时的美国政府为了解决社会、财政及执政合法性三大危机推行市场机制，并放松金融监管、增加信贷的可获得性并促使国际资本流入，从而导致金融业呈爆炸式发展，并将美国经济转型为金融资本主义。

而传统经济学关于金融与实体经济的探讨至少可以追溯到200年前（Smith，1776）。但是古典经济学家假想了一个无摩擦的理想经济体，从而导致主流宏观经济学因此长期围绕实体经济的增长与波动展开，并着重研究实体经济的资本、劳动力及全要素生产率，而忽略对金融的考虑。不过，宏观经济学一直以来门派林立、充满争议，对金融的态度也在不断演化。Friedman和Schwartz（1963）等货币主义及新凯恩斯综合学派认为，金融对实体经济影响不大或没有影响。伯南克（Bernanke，1983）在对大萧条进行的研究中，在宏观模型中引入金融加速器，开始强调金融在实体波动中的作用。但伯南克的研究并没有将金融作为对实体经济冲击的来源，而仅仅是作为传播冲击的渠道。明斯基（Minsky，1986）则特别强调金融的作用，认为金融存在天然的不稳定性，而且会最终带来实体经济的不稳定。明斯基的理论尽管被金融从业者广泛接受，但在学术领域却长期遭遇冷落，被排斥于主流经济学之外。

Calvo 对金融危机进行反思认为，金融与传统宏观经济学在理论上的割裂缘于两个领域的研究人员视角的割裂：金融学者不重视研究宏观经济学，而宏观经济学家不重视研究金融。宏观经济学模型没有对金融系统进行适当建模，而金融学则忽略了金融自身的脆弱性以及金融对宏观经济的影响。而业界及政策制定者则将金融作为一个行业来对待，与实体经济的其他行业并无本质区别。Beck（2012）认为，将学术界视角和业界视角进行统一将是未来的挑战。

2007～2009 年的全球金融危机与经济危机，从根本上改变了西方传统经济学对金融的态度。研究者开始从理论上再次探讨金融系统的不稳定以及金融对实体经济造成的冲击。

以金融化为统一框架进行金融与实体关系的研究，或是解决 Calvo 和 Beck（2012）所提问题的一个路径。

四、金融与实体的关系

在现实中，金融对实体经济非常重要。

广义金融包括货币等各种流动性资源，以及货币流通、信用发放、投资及银行中介等金融服务体系（Webster 词典）。Graeber（2011）将人类有记录的信用关系追溯到公元前 3000 年的 Sumer，即当今的伊拉克南部。这样来看，广义金融至少存在了 5000 年。

进入 21 世纪以来，全球经济还经历了两个新的发展。一是从 2001 年前后开始，大量金融投资者尤其是指数投资者开始投资于大宗商品领域，并改变了大宗商品期货价格波动的规律。二是 2007～2009 年美国房地产市场泡沫破裂引发了全球金融危机和经济危机。前者促生了对大宗商品金融化的研究，后者则促使传统经济学领域重拾对金融与经济关系的研究。

对金融与经济周期的关系以及大宗商品金融化的研究均归属于金融化领域，这也是本书研究的重点。

大宗商品金融化对大宗商品市场产生了深远影响。21 世纪以来，随着发展中国家的迅速工业化，特别是中国经济的强劲崛起，全球大宗商品价格开始迅速上涨。Gorton 和 Rouwenhorst（2006）研究认为，大宗商品与其他金融资产价格的相关性较低，从而有利于资产配置。投资者因此蜂拥而至，开始将大宗商品纳入资产配置框架。随着全球金融危机及经济危机爆发，大宗商品期货市场进入下行周期。大宗商品暴跌之后经历短暂反弹，随后又持续下跌直至 2016 年春季，并随后再次反弹。大宗商品的暴涨暴跌引发了众多争议。民众、从业人员及监管者大都认为，金融投资者尤其是投机者是造成大宗商品价格暴涨的原因。学术界形成的共识则是，大宗商品金融化导致期货价格的波动率上升，而且与其他金融资产的相关性也不断提高（Cheng，Xiong，2013）。

2007～2009 年的全球金融危机及经济危机则表明了金融对实体经济可能产生的冲击，并掀起了学术界对货币、信用及波动的研究热潮，以试图理解货币及信用如何生成、放大并传播冲击（Schularick，Taylor，2009）。

学术界加强了对数据的收集，开始对长达百年的金融与经济的波动/周期关系进行实证分析。Taylor（2012）将全球经济在过去近 150 年的历史分为 1870～1970 年的货币时代（Age of Money）和 1970 年至今的信用时代（Age of Credit）。

他认为，货币时代和信用时代的一个显著区别在于，后者是杠杆化操作的，进而他发现，当实体经济大规模使用信用即杠杆上升之后，波动也开始加剧了。从历史寻找规律可以发现，在早期的农业社会（也即所谓马尔萨斯经济）中，经济波动主要是因为农业供给受到冲击，一般来说波动较小；在后来的商业社会，市场力量开始导致经济波动的加大；而到了资本主义经济之后，随着经济的金融化程度加深，波动也更加剧烈。这意味着，金融是资本主义经济最主要的组成部分及最基本特征。金融具有天然的不稳定性，并会对实体经济产生冲击。

对金融与实体经济及其相互关系进行历史回顾可以发现如下事实：①资本主义经济中，经济周期多由有效需求不足而引发（Keynes，1936）；②金融（货币＋信用）对 GDP 的比例在 20 世纪 70 年代之后一直在上升，也即金融深化（Financial Deepening）或经济的金融化在不断加深；③20 世纪 70 年代之后，金融系统中信用所占比例开始加大；④2001 年前后，金融投资者开始大量投资于大宗商品，大宗商品价格波动加大，与其他传统金融资产的相关性也在加大；⑤全球经济的波动在 20 世纪 70 年代之后的信用时代也开始加大；⑥20 世纪 80 年代之后，虽然发达国家宏观经济 GDP 增长的波动下降（也即"大缓和"，Great Moderation），但是，由于经济的金融化程度加深，最终造成 2007～2009 年全球经济更大的波动。

从大宗商品到宏观经济，经济的金融化程度都在不断加深。在中观层面，造成大宗商品更高的价格波动率以及同其他金融资产价格相关性的提高；在宏观层面，则带来了全球经济的高杠杆及经济周期波幅的增大。在微观层面，企业与家庭的利益日益受金融市场影响。甚至像高等教育这种"象牙塔"也未能免俗。例如在英国，高校为了竞争生源而采取借债等方式来进行基础设施建设，从而其办学的活动乃至办学理念等都越来越多地受到金融机构和金融市场的影响，因此也认为被金融化了。

金融化在实体经济的宏观、中观及微观层面的发展，呼唤着理论与实证方面的相关研究。我们不仅需要追溯、归纳、阐释无所不在的金融化事实，更需要在全球经济与货币体系的制度演化层面展开系统性分析，以期建立统一的分析框架，从而得出对现实和政策制定有指导意义的结论。自然地，分析这种新的综合现象，我们的工具就不能局限于传统的经济学及金融经济学，而须引进其他分析工具，包括地理经济学及其他经济学等，以期对全球生产布局及资本流动进行结构性分析。

五、本书结构

本书以实体经济的"金融化"为研究对象，对金融化学科的主要研究及传统经济学对金融与实体经济关系的研究进行综述，并重点涵盖如下四个领域，即经济的金融化及对实体经济周期与波动的影响；大宗商品金融化（包括采掘类公司的资产负债表引发的对冲行为等）及对资产配置的影响；实体经济金融化下的全球生产布局及全球经济增长模式变化；美元及美元资产在全球生产布局中所起的作用。

本书不仅系统分析了金融自身的不稳定性，而且揭示了在金融化不断加深条件下金融对实体经济的冲击，基于这些分析，本书将对宏观审慎政策以及大宗商品资产配置的操作提出建议。

本书共四篇。

第一篇为金融化理论。第一章对金融化理论及现实发展进行综述。第二章对经济的金融化进行论述。在2007～2009年金融危机后对金融与实体的大量研究中，极少提到经济的"金融化"，但是以私人部门信贷/GDP的指标则被广泛使用。Schwartz（2010）及Schularick和Taylor（2009）都使用过金融化的概念，而Schularick和Taylor（2009）则更为明确地将金融化概念指向私人部门信贷/GDP指标。本章即以该指标作为经济的金融化指标，并以此展开对经济金融化的讨论。第三章对大宗商品金融化进行系统梳理与归纳，包括对大宗商品金融化在实践中的发展，以及对大宗商品金融化理论研究进行的综述。通过本章可以看到，学术界对大宗商品金融化是否是造成大宗商品价格暴涨的原因依然存有很大争议，但是对大宗商品金融化能够带来波动率及相关性的上升则没什么争议。第四章对企业及家庭的金融化进行论述。金融化已经渗透到微观经济的各个层面，包括企业利用金融工程手段（如股票回购）来增加盈利。甚至高等教育也越来越多地受到金融机构和市场的影响。本章以资源类企业对杠杆的使用为重点分析金融化，并将之与大宗商品市场及宏观经济联系起来。第五章对金融化与贫富差距关系进行讨论。由于金融化有利于资本收益，而不直接作用于实体经济，劳动收入的增长相对降低，从而造成贫富差距的加大。

第二篇为金融化现实，分别就全球经济发展模式、国际货币体系安排以及大宗商品市场发展等进行论述。其中，第八章对大宗商品的市场发展、市场结构、价格的历史表现及定价原理进行介绍。

第三篇为金融化实证，分别对经济金融化与大宗商品金融化进行了实证分析。其中第九章对经济金融化进行实证分析，首先论证了美元与国际流动性的关系，其次论证了美元信用与中国经济体杠杆的关系，再次论证了国际美元信用与欧元区经济景气度的关系，最后论证了经济的金融化与经济景气度的关系。第十章对大宗商品金融化进行实证分析。本章的实证研究相应围绕波动率与相关性展开。本章还对股市上涨和下跌时大宗商品与股票的相关性进行了论证，并通过脉冲轨迹图分析了金融化之后股票收益率与大宗商品的相关性关系。本章还以原油为例，对金融化的发展进行了实证分析，并对金融化与波动的关系进行了论证。

第四篇为结论及金融化应对措施，分别就金融化的发展在宏观审慎监管及大宗商品权重方面给出建议。其中第十一章为宏观审慎监管方面的政策建议。第十二章是针对大宗商品金融化而做出的资产配置建议，并针对资产配置提出具体建议，认为 Gorton 和 Rouwenhorst（2006）的结论应该被修正，投资者应该降低对大宗商品的配置。

目　录

第一篇　金融化理论

第二篇　金融化现实

第三篇　金融化实证

第四篇　金融化应对

第一篇　金融化理论

第一章　金融化理论综述

金融化（Financialization）作为一门学科，传统上属于政治经济学范畴，发源于早期政治经济学尤其是马克思主义政治经济学对金融资本主义（Financial Capitalism）的研究。早期金融化研究重点是金融资本主义对收入分配造成的不公，因此对金融主要持批评态度。

20世纪90年代末到21世纪初开始，包括政治科学、社会学、人类学、地理学及经济学等领域的学者开始以金融化为概念与框架，来分析发达政治经济体一系列结构性变化（van der Zwan，2014）。现代的金融化研究试图理解日益独立存在的全球金融体系如何改变工业经济运行的内在逻辑，而且对金融的态度逐渐转为中性，认为金融对实体既有正面影响，也有负面冲击。

2007～2008年金融危机后，西方主流经济学掀起了对金融与实体关系的研究热潮。这是传统经济学在金融化方面的研究。在对金融态度上，早期的西方传统主流经济学有两个极端：一个极端认为金融与实体无关；另一个极端则认为金融能够消除实体经济的摩擦，从而总是有益的。金融危机之后，西方传统经济学的研究开始强调金融及信贷周期对经济周期所产生的冲击。这些研究对金融的态度与现代金融化领域一致。不过，主流经济学在新古典经济学框架下依然是将金融作为一个分配效率的问题，而不是作为经济体系的一部分进行分析（van der Zwan，2014）。

金融化领域的研究则认为金融是经济体系的一个有机组成部分，而且取得了日益重要的地位。金融也因此能够独立地对权力进行分配，能够对生产及收入分配产生影响（Palley，2007）。

现实中，金融化已经渗透到人们生活的方方面面。金融市场日益成为家庭、公司及政府日常活动的核心（Davis，Kim，2015）。金融化影响了经济周期与资产价格，还广泛影响了社会学范畴的公平及文化等。作为一门学科，金融化的研究来源于众多领域，包括政治经济学、经济社会学及政治/历史社会学等（Davis，Kim，2015）。而金融危机后传统经济学对金融与实体经济关系的研究，本质上属于对金融化的研究，尽管很少使用金融化这个特定概念。

但金融化并没有权威的精确定义。学术界普遍引用 Epstein（2001）的定义："金融化在国内及国际层面的，金融市场、金融动机、金融机构和金融精英在经济运行和治理方面变得越来越重要。"金融化的推动力来自科技进步、监管放松以及意识形态和理论的发展。金融化的背景是金融自由化。金融自由化则是新自由主义的一部分。美国是新自由主义的重要发源地，其在华盛顿共识原则下向全球推广金融自由化与全球化，被广泛认为是金融化发展最为发达的国家。

金融化包含如下方面：

宏观层面的金融化指金融市场及金融工具（包括衍生品）的迅速发展，以及金融发展及金融周期对经济周期的冲击。金融化通过改变企业与个体行为，会改变宏观经济周期。一些学者还认为金融化通过收入分配的改变而降低了社会总需求，从而造成经济增长的减缓。金融自身的不稳定性则带来了实体经济的不稳定。从金融市场结构来看，金融化指直接金融日益取代间接金融，从而在融资方面变得越来越重要。Palley（2007）认为，金融化在美国的一个决定性特征就是债务量的上升。学术研究中，在测度方面也常常使用信用占 GDP 之比作为金融化指标。

中观层面的金融化包括大宗商品、房地产等行业的金融化，以及金融行业在经济中的地位与重要性的提升。在大宗商品领域，金融投资者的大量介入使大宗商品具有金融属性，价格的波动率及相关性都相应加大。房地产市场则深受个人住房贷款及资产证券化影响，房贷机构和买房者对待房屋抵押贷款的态度发生了转变，房地产价格的变化规律也因此发生了转变。个人住房的居住功能被弱化，投资与投机功能被强化，在隐性通胀严重的地方甚至表现出货币化倾向。金融行业则因为金融化的发展而提高了在经济中的地位，具体表现为利润占比及在 GDP 中占比的提高，以及金融从业人员收入的提高。

微观层面的金融化包括企业与个人对金融市场的依赖，以及因为金融化而发生的行为的改变。公司层面，金融化的发展促使公司治理向股东至上原则转变。管理层行为受资本市场压力及期权收入的激励而变得短期化，更加重视股价的短期波动。非金融企业更多采用金融工程手段来提高利润，甚至直接介入金融业务。个人层面，共同基金、养老金的发展使得家庭通过各种方式参与股票市场，家庭资产中金融资产占比也大幅提升。金融化的发展还增加了家庭信贷的可获得性，消费者更多采用负债加杠杆的方式，而非之前通过收入增加的方式来进行消费。以房地产为抵押的各种消费信贷的发展则进一步改变了人们的消费行为。

政策方面，金融化的发展体现为全球政府普遍采纳的有益于金融发展的政策，包括推行金融自由化（监管放松、减少资本控制）、建设股票市场以及促使中央银行独立于政治决策过程（Polilo，Guillen，2005）。中央银行的货币政策也更加向通胀这一单一目标演进。国际资本流动方面，管制的放松则造成汇率波动及全球汇率体系的不稳定。社会方面，金融化通过影响人们的态度及收入分配而产生了广泛的社会冲击。

从学科发展来看，早期金融化研究资本主义从工业资本主义向金融资本主义的演变。这些研究认为，当工业资本主义进入成熟阶段后，普通百姓由于收入下降而无法负担日益增加的工业产出，食利者（Rentier）阶级就转向金融活动来维持其财富积累的速度。金融资本主义的崛起就是对工业资本主义制度下财富积累的一种代替（Foster，2007）。世界系统理论（World System Theory）则将资本主义的阶段理论（Stage Theory）与世界霸权的发展历史联系起来，认为金融化是对美国在世界政治中霸权地位的保护（Arrighi，2010）。他们认为历次霸权（如荷兰和英国）的更替都以金融化为特点——霸权国家在晚期就开始了金融化。

经济社会学认为，金融化是宏观经济条件、法律法规变化及技术进步等各种因素综合作用的结果。在美国，推动金融化发展的因素就包括里根政府对金融监管的放松，20世纪70年代集团公司业绩表现不佳而导致公司并购市场的产生，以及包括垃圾债在内的各种金融创新的发展等。公司并购市场使得臃肿的集团化公司被化解为业务更为集中、效率更高的小公司，公司管理层的薪酬也与公司股票价格表现结合得更加紧密。公司股权也越来越集中于少数大型机构投资者手中。他们以股东价值最大化为由，鼓励企业剥离无效率的业务、解雇雇员、进行业务重组（Useem，1999）。

政治社会学认为金融化是由政府对20世纪70年代行政管理危机的政治反应引发的。当时美国面临战后繁荣的结束，政府控制的经济资源在缩减，而各种社会群体的需求却在增加。美国政府面临社会危机（各个社会群体的矛盾与冲突）、财政危机（政府花费与收入的结构性缺口）及合法性危机（民众对政府的信任度降低）三大危机。美国政府通过市场机制来对各个社会群体的需求进行优先排序，同时放松金融监管、增加信贷的可获得性并促使国际资本流入，从而形成一个资源非常丰富的景象。通过这些措施，美国政府将资源受约束的20世纪70年代转变为一个资本丰富的新时代（Krippner，2011）。这些政策措施造成了金融业呈爆炸式发展，并将经济转型为不稳定的金融资本主义。

随着金融市场、金融工具及金融人才的培育与发展以及金融监管的放松，经济的金融化已经得到很大发展。这不仅发生在美国这种发达国家，也发生在中国这种发展中国家。

与实体（比如商品）不同，金融是以电子化方式存在的合约，可以快速地在各经济主体之间转移。金融通常带有预期因素，受投资者风险偏好影响。而投资者风险偏好也会快速变化。金融通常还带有杠杆，容易与投资者风险偏好的变化相结合，而形成加杠杆及去杠杆的循环加强过程。传统经济理论中没有金融摩擦，因此金融就不会出现不稳定。但是如果认为金融摩擦存在，那么金融更为迅速的电子化传播方式也就意味着金融会比实体经济更容易产生波动，而不是迅速达到均衡。理论和实践都表明，金融摩擦广泛存在，这就决定了金融（包括价格与资金流动等）自身的波动通常会较大，而且具有内生的不稳定性。金融还可以通过各种传染渠道（风险传染及风险偏好传染等）而影响实体经济。金融化程度越高，金融对实体的最终冲击可能越大。

而传统经济学关于金融与实体经济的探讨至少可以追溯到200年前（Smith，1776）。但是古典经济学家假想了一个无摩擦的理想经济体，从而完全忽略了金融的作用。主流宏观经济学因此长期围绕实体经济的增长与波动展开，并着重研究实体经济的资本、劳动力及全要素生产率，而忽略对金融的考虑。不过，宏观经济学一直以来门派林立、充满争议，对金融的态度也在不断演化。Friedman和Schwartz（1963）等货币主义及新凯恩斯综合学派认为，金融对实体经济影响不大或没有影响。伯南克（Bernanke，1983）在对大萧条进行的研究中，在宏观模型中引入金融加速器，开始强调金融在实体波动中的作用。但伯南克的研究并没有将金融作为实体冲击的来源，而仅仅是作为传播冲击的渠道。明斯基（Minsky，1986）则特别强调金融的作用，认为金融存在天然的不稳定性，而且会最终带来实体经济的不稳定。明斯基甚至认为，金融就是资本主义经济本身。明斯基的理论尽管被金融从业者广泛接受，但在学术领域却长期遭受冷落，被排斥于主流经济学之外。

与此同时，金融学作为一门学科，从20世纪50年代马可维茨创建证券组合理论开始，经历了证券组合、资产定价和公司金融等领域的迅猛发展。

Calvo对金融危机进行反思认为，金融与传统宏观经济学在理论上的割裂缘于两个领域的研究人员的割裂：金融学者不重视研究宏观经济学，而宏观经济学家不重视研究金融。宏观经济学模型没有对金融系统进行适当建模，而金融学则忽略了金融自身的脆弱性以及金融对宏观经济的影响。

业界对金融的视角则与金融化领域视角类似。主流经济学往往从金融功能出发，将研究重点放在金融的中介功能上。而业界及政策制定者往往认为金融与实体经济的其他行业并无本质区别，因此将金融作为一个行业来对待。英国及美国等在人才、技术和监管方面有竞争优势的国家就会积极推动金融服务的出口，往往以建立金融中心（如伦敦及纽约）的统一方式来带动法律和财务等相关行业的发展。

Beck（2011）认为，将上述学术界视角和业界视角进行统一将是未来的挑战。以金融化为统一框架进行研究，是迎接 Beck（2011）挑战的一个方法。

2007～2009 年的全球金融危机与经济危机，从根本上改变了西方传统经济学对金融的态度。研究者开始从理论上再次探讨金融系统的不稳定以及金融对实体经济的冲击。

在现实中，金融对实体经济非常重要。

广义的金融包括货币等各种流动性资源，以及货币流通、信用发放、投资及银行中介等金融服务体系（Webster 词典）。亚当·斯密认为，人类的生产活动产生了商品交换，而商品交换又产生了货币。Ferguson（2009）将最早的硬币追溯到公元前 600 年的土耳其。而Graeber（2011）则以债务（信用关系）为核心来探讨人类活动，认为信用关系最先产生，货币次之，而商品交换再次之。Graeber（2011）将人类有记录的信用关系追溯到公元前 3000 年的 Sumer，即当今的伊拉克南部。这样，如果按照上述广义金融定义来看人类历史，金融至少存在了 5000 年。

进入 21 世纪以来，全球经济还经历了两个新的发展。一是从2001 年前后开始，大量金融投资者尤其是指数投资者开始投资于大宗商品领域，并改变了大宗商品期货价格波动的规律。二是 2007～2009年美国房地产市场泡沫破裂引发了全球金融危机和经济危机。前者促生了对大宗商品金融化的研究，后者则促使传统经济学领域重拾对金融与经济关系的研究。二者均属于金融化领域。

大宗商品金融化对大宗商品市场产生了深远影响。大宗商品期货的价格表现规律因此而改变。在价格决定上，大宗商品期货价格传统上主要由实体经济的基本供求决定，价格波动也往往滞后于股票及债券等主要由预期推动的其他金融市场。在估值上,大宗商品因为不产生现金流,所以无法对以未来现金流折现(DCM 或 DDM)的估值模型对之进行理论估值。投资者因此长期都没有将大宗商品作为一个资产类别来纳入资产配置框架。21 世纪初以来,随着发展中国家的迅速工业化,特别是中国经济的强劲崛起,全球大宗商品开始了一轮迅速的价格上涨。2001 年 10 月 31 日至 2008 年 3 月 3 日,CRB 大宗商品现货指数上涨了 136%。这段时期被称为大宗商品的又一轮"超级周期"(Super Cycle),并刺激了众多投资者投资大宗商品的兴趣。Gorton 和 Rouwenhorst(2006)对大宗商品的价格表现进行研究认为,大宗商品与其他金融资产价格的相关性较低,从而有利于资产配置。该研究为投资者提供了进行大宗商品投资的理论基础。投资者因此蜂拥而至,大量投资于大宗商品指数、期货及对冲基金(如 CTA,Commodity Trading Advisor)产品,加速了大宗商品的金融化。随着金融投资者越来越多介入,大宗商品开始作为一个资产类别被纳入资产配置框架,而大宗商品期货价格的波动率、彼此之间以及与其他金融资产之间的价格相关性也都在增大,大宗商品期货价格波动中的预期因素也越来越明显。随后,全球金融危机及经济危机爆发,大宗商品期货市场开始暴跌。从 2008 年 3 月 3 日的高点到 2008 年 12 月 5 日的低点,CRB 大宗商品现货指数在 9 个月内下跌了 38%。但随着中国推出大规模经济刺激计划,大宗商品价格又开始反弹。至 2011 年 4 月 11 日,CRB 现货指数上涨了 94%,几乎翻番。但是,随着全球经济危机的持续,大宗商品价格再次进入下行周期,持续跌至 2016 年春季,并随后开始反弹。大宗商品在过去 15 年经历的暴涨暴跌引发了众多争议。而公众往往对大宗商品价格的暴涨阶段更加关注。民众、从业人员及监管者大都认为,金融投资者尤其是投机者是造成大宗商品价格暴涨的原因。而学术界对大宗商品金融化带来的影响则争议颇多。有研究认为,金融投资者造成了大宗商品价格的暴涨暴跌,但更多研究则表明,金融投机与大宗商品暴涨暴跌无关。不过,学术界形成的共识是,21 世纪以来,大宗商品期货价格的波动率上升,而且与其他金融资产的相关性也不断提高(Cheng,Xiong,2013),这充分展示了大宗商品的金融化进程。

　　大宗商品价格波动率及相关性在金融化之后的变化，削弱了 Gorton 和 Rouwenhorst（2006）之前对大宗商品投资提供的理论支持。与此同时，除非洲之外全球普遍发生的老龄化，也可能削弱投资者对高波动资产的偏好。这些发展对大宗商品作为资产配置的一个资产类别而言，具有重要的意义。

　　2007～2009 年全球金融危机及经济危机，则在宏观层面揭示了经济的金融化进程及其影响。美国房地产市场泡沫破裂引发的次贷危机，最终通过金融系统传染而导致全球金融危机和经济危机。这直观表明了金融对实体经济可能产生的冲击，并掀起了学术界对货币、信用及波动的研究热潮，以试图理解货币及信用如何能够生成、放大并传播冲击（Schularick，Taylor，2009）。这种研究已经超出了传统意义的宏观经济和金融经济的研究范畴，客观上提出了宏观经济学家和金融经济学家密切配合、共同研究的需要和协调配合（Beck，2011）。

　　基于上述认识，学术界加强了对数据的收集，开始对长达百年的金融与经济的波动/周期关系进行实证分析。Taylor（2012）将全球经济在过去近 150 年的历史分为货币时代（Age of Money）和信用时代（Age of Credit）：1870～1970 年的 100 年为货币时代；而布雷顿森林体系瓦解后的 20 世纪 70 年代至今的时代则为信用时代，具体表现为银行资产的迅速增长。在信用时代，银行负债在结构上发生了很大变化。银行负债与 GDP 之比在信用时代大幅上升，但这种上升主要由非货币负债（银行间债务）带动，而货币负债与 GDP 之比则始终稳定在 70% 左右。这种结构变化，在资产端就表现为贷存比（贷款与存款之比）的上升。Jordà、Schularick、Taylor（2016）对发达国家百年宏观数据进行分析发现，战后发达国家的金融化程度大幅提高，而经济（GDP、消费与投资）季度数据的波动相应降低，但金融市场（股市）波动加大。尽管该时期发达国家衰退频率降低了，但最终形成了经济及金融危机，产生了更大的破坏。而发生于 20 世纪 70 年代的拉美金融危机、20 世纪 80 年代的美国储贷危机、20 世纪 90 年代的亚洲金融危机及 2007～2009 年的全球经济及金融危机则表明，在金融化加大后，全球范围内发生的频率低但波动幅度大的危机式经济波动也增加了。

在 Schwartz（2010）和 Krugman（1991）的核心国—边缘国框架下，全球经济自工业革命以来就受到全球化之下的全球生产分工的影响，经历着由核心国推动的全球投资周期，从而产生波动。其中，金融既是实现全球资源配置的手段，又是生成及加大全球经济周期的因素。

边缘国（Periphery Country）与核心国（Core Country）是一个政治经济学概念也是一个经济地理学概念，在世界系统理论（World System Theory）及克鲁格曼对国际贸易的经济地理分析中都有论述与发展。二者的着眼点均是全球经济的空间分布。世界系统理论从马克思主义角度出发认为，全球经济发展的不平等缘于发达国家对发展中国家的剥削，并认为这种不平等来源于系统性因素。克鲁格曼则采用新古典经济学边际分析方法，从规模经济和运输成本的相互作用对工业制造进行分析，从而得出生产在国际分工及发展上不均衡的结论。

2007～2009 年的全球金融与经济危机普遍被认为是全球经济发展失衡的结果，主要依据就是各国经常账户（Current Account）所显示出的显著逆差和顺差。Bernanke（2005）将这种失衡的很大一部分责任归根于发展中国家的储蓄过剩。因为经常账户由实体中的商品与服务贸易组成，因此这种观点是从实体经济来认定全球的失衡。

Borio、James、Shin（2014）认为，资本流动是造成并加大金融周期的原因，因此他们从资本账户入手来分析国际货币与金融体系，认为国际间的资本流动可以因过度的金融弹性（Excess Financial Elasticity）而对经济产生冲击。过度金融弹性的产生，则缘于银行与证券市场体系中信用（Credit）的扩张与收缩。

这次的全球金融与经济危机发生后，学术界开始重视明斯基的金融不稳定假设以及他对泡沫的形成、破裂以及对实体经济的冲击所做的分析。明斯基也因此被认为对后来发生的金融危机做出了"预测"。其他一些学者则在经济地理及国际政治经济学领域的核心国—边缘国框架下从国际分工和国际治理（制度）角度对全球失衡进行分析。

　　金融自身具有天然的不稳定性，而经济的金融化则加大了金融对实体经济的冲击，并加大了实体经济的波动。

　　这种关系在中观领域得到体现：大宗商品的金融化加大了大宗商品价格的波动。作为人类生活的消费品以及生产活动所需要的原材料，大宗商品是实体经济的重要组成部分。19世纪以来，商品的全球性贸易就一直影响着全球分工及全球化，并因此影响全球经济发展的格局。而金融则是促成国际贸易、国际投资及经济发展的重要工具，对全球经济的发展格局及周期波动起到很大影响。进入21世纪以来，随着大宗商品价格的大幅上升，金融投资者开始大量投资于大宗商品期货市场，从而造成了大宗商品的金融化。其结果就是大宗商品期货价格波动的上升以及与其他资产价格相关性的上升。

　　这就揭示了金融与实体的重要特征：金融不稳定；金融能够对实体产生冲击并积累风险，从而造成最终的大幅波动；金融化能够加大实体经济的波动。而经济在20世纪70年代之后日益加大的金融化，及随后的全球金融及经济危机也在事实上证明了这一点。

第二章　经济的金融化

2007～2009 年的金融危机对实体经济产生了巨大影响，关于金融与实体的关系研究因此再次活跃。金融化领域的研究也开始活跃起来。传统经济学对金融与实体关系的研究在事实上属于金融化的研究，尽管绝大多数有关研究没有明确提出过这个概念。

有关经济金融化的研究，多属于社会学及政治经济学范畴，着眼于讨论金融资本主义（Financial Capitalism）经济中金融的重要性。早期的金融化研究包括马克思主义政治经济学领域的研究对金融繁荣与实体经济表现不佳的矛盾进行了广泛讨论。

2007～2009 年金融危机激发了传统主流经济学对金融的兴趣。而金融化领域的研究也被激发起来。金融化领域的研究主要是论述金融资本主义经济中金融工具在价值交换中的重要性，具体涉及两个方面：一是杠杆（Leverage）相对于股权（Equity）更重要，二是金融市场相对于实体（商品）市场更重要。金融化领域以杠杆来代表金融化程度，与传统主流经济学在相关研究中对杠杆的强调一致（Schularick，Taylor，2009）。

金融化的定义，通常以 Epstein（2001）为标准，认为金融化是"金融市场、金融动机、金融机构及金融精英在经济运行及经济治理中的重要性越来越大"。Krippner（2005）将金融化称为"一种使得利润越来越倾向于来自金融渠道而不是来自实体的贸易和生产的过程"。Palley（2007）则延续了 Epstein（2001）的定义，强调金融化带来的影响，①提高了金融行业相对于实体经济行业的重要性；②使收入从实体行业向金融行业转移；③加剧了收入不均及工资增长的停滞。Falkowski（2011）引用 Dore（2000）的理论，将金融化做如下定义："金融行业在整个经济活动中、财务官在公司管理中、金融资产在总资产中、股市在决定公司战略中以及股市波动在决定商业周期中日益主导的地位。"

金融化领域加大对金融与实体经济的关系研究的同时，传统主流经济学也在事实上进行着同领域的大量研究，尽管几乎没人明确使用"金融化"这个概念。在主流经济学对金融与经济关系的大量研究中，很多学者着眼于金融发展与实体经济增长的关系。这里的"金融发展"实际上也归属于本书所论证的"金融化"概念。Schularick 和 Taylor（2009）及 Taylor（2012）以信用在经济中的重要性作为度量，认为当今的经济已经"重度金融化"（Heavily Financialized），因此需要积极的货币政策来避免潜在的更大的产出损失。Jordà、Schularick、Taylor（2016）认为，在现代金融体系下，原先稳定的债务/GDP 关系被日益增强的"金融化"（Increasing Financialization）所取代。Philippon（2010）等学者把金融作为一个行业进行研究认为，金融可能会过度发展，从而占用过多的社会资源。Arcand、Berkes、Panizza（2012）等学者以信用在经济中的重要性作为金融发展的指标，来研究金融发展对实体的影响。Taylor（2012）将金融发展定义为"更多的金融、M2、银行贷款与 GDP 之比，以及更多的金融工具"。这些学者所指的金融发展，实际上都是经济金融化的概念，也是本书研究的核心。

这些金融化的定义，更加接近于业界和政策制定者看待金融的视角，即将金融作为一个行业来对待，来分析其在经济及社会中的作用与重要性。因此，对经济的金融化进行定义，并研究经济金融化与实体经济的关系，可以被看作是 Beck（2011）所希望的在宏观经济学家和金融经济学家之间搭建桥梁。这也是本书做此方面研究的动机之一。

本书在研究经济的金融化与实体波动关系时，更多强调杠杆的作用，因此在量化指标上本书主要沿用 Taylor（2012）和 Arcand、Berkes、Panizza（2012）所采取的信用与 GDP 之比等指标。不过，在对全球治理进行讨论时，本书也将使用社会学及政治经济学对金融化的定义，即金融精英对政策起到更大的影响等。

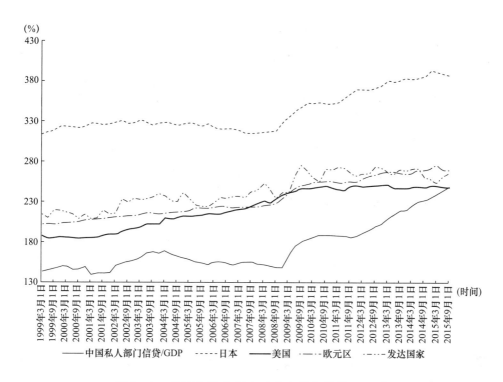

图 1 - 1　各国金融化程度（私人部门信贷/GDP）

资料来源：BIS。

学术界关于金融行业在经济增长中所扮演的角色存在很大争议（Levine，2005）。对金融和实体关系进行研究，涉及金融与增长、金融的脆弱性及金融与政治（包括法律、制度等）三个领域（Taylor，2012）。本书重点对前两个领域进行综述。

从功能上看，金融的作用是消除实体经济的摩擦，并因此改变对经济人的激励及约束条件，从而改变储蓄、投资及创新，最终影响经济增长，因此对金融与实体的很多研究也就围绕金融的功能展开。

一、金融、金融体系

金融一直是与人类活动紧密交织在一起的。韦氏词典将金融定义为：①货币或其他政府、商业、组织或个人的流动性资源；②一个包含货币流通、信贷发放、投资和提供银行服务的体系；③研究资金管理的学科。Haber 和 Perotti（2008）从法律与制度角度，认为金融所研究的对象是对收入提供授权以及对资产实施控制权的合约。

对于金融的产生，亚当·斯密认为人类因生产活动产生了商品交换，又因商品交换而产生了货币。这样，传统经济学就通常认为，当人类发展到一定时期，商品和服务交易的空间范围扩大，金融机构和金融市场就自发产生了。金融因此是实体经济内生性发展的结果。

在理论上的完备无摩擦的理想经济中，金融没有存在的必要。但现实中的经济是不完备而且总是存在摩擦的。金融可以降低市场摩擦，并影响资源在空间和时间上的配置（Merton，1995）。金融因此对实体经济提供着实实在在的服务，而实体经济中不同的摩擦则会催生出不同的金融安排。

Merton（1995）认为可以从两个基本角度来分析金融。一是制度/机构（Institution）角度，将已有的金融制度视为给定，然后研究政策如何使现有的制度体系持续繁荣发展下去。二是功能（Function）角度，将金融的经济功能视为给定，然后分析怎样的制度/机构能够使金融功能得到最好发挥。莫顿还总结了金融的六大功能：①为商品和服务的交换提供支付体系；②集中资金进行大规模不可分割的企业项目投资；③提供一种跨时间、跨地点、跨行业转移经济资源的方式；④管理不确定性和风险；⑤为经济中各行业进行分散化决策提供价格信息；⑥为信息不对称和激励问题提供解决方案。

金融体系（Financial System）是社会和经济制度的一部分，其发展不可避免会受到一个经济体特定的历史、法律法规及政策的影响。

银行（也即中介，Intermmediary）、股市及债券市场（也即资本市场，Market 或 Capital Market）的发展就体现了金融的这些经济功能。各国金融体系不同，既有中国等以银行系统为主的金融体系，也有美国等以资本市场为主的金融体系。银行中介是私有市场（Private Market），银行因此不需要公开与借款人在借贷业务中产生的各种信息。这样，银行就有动力花费成本来进行信息收集，从而形成信息方面的优势。而股市及债券这种资本市场是公开市场，价格等信息因此需要以公开透明的方式来进行披露。资本市场中的产品能够在各投资者之间进行交易，所以具有更好的流动性，从而消除了储蓄者在长期投资方面的流动性制约。

金融合约则是金融执行各项功能的基础。金融合约能够为储蓄者提供信心，从而使得储蓄者愿意将自己的闲余资金委托给别人进行投资，实现储蓄向投资的转换。

二、金融与增长

金融与增长的关系在经济学中充满争议。

主流经济学理论长期不重视金融。在 2007～2009 年金融危机之前，宏观经济学普遍认为金融只是实体经济的面纱（Veil），而不能构成独立的风险来源。Joan Robinson 说："企业在前面引领，金融在后面跟随"（Where enterprise leads finance follows.）。卢卡斯认为金融对经济增长的作用被过分强调了。

但同时又有很多学者认为金融对经济的作用是很明显的。Bagehot（1873）说："在英国，资本很确定地很快跑向最需要它的地方，以及对它最能够加以利用的地方，就像水一样……"罗伯特·莫顿认为金融对经济增长的贡献是显而易见的，根本不需要讨论。

学术研究中，一般认为是 Goldsmith（1969）、McKinnon（1973）和 Shaw（1973）奠定了金融与实体经济关系研究的基础。随后的 Levine（1991，2002，2005）和 Beck（2011）等经济学家则从实证等方面对金融与实体的关系进行了更多研究。这些研究包括金融对经济增长的作用，金融与政治和法律，以及金融对贸易、收入分配及贫困的影响等。

从功能来看，这些研究普遍认为，金融是实体经济为消除摩擦而内生性发展的结果。莫顿总结的金融六大功能在本质上都属于降低成本（信息成本、执行成本及交易成本）、降低摩擦，以及改变对人的激励与约束。因为理论上对金融功能已经做出如此定义，那么从功能角度去研究金融与实体的关系，就都集中于金融对实体经济的积极促进方面。在这些研究中，金融对实体的提高往往以促进投资或提高劳动生产率方式来促进经济增长。

由此可见，在 2007～2009 年金融危机之前，学术界对金融与经济的讨论大多认定金融对实体的益处，然后探讨金融如何提高效率并促进增长。具体来说，这些研究大概有以下方面：

金融以其支付功能对贸易的促进来促进增长。金融的支付功能可以降低交易成本，提高商品和服务交换的效率，从而促进更多交易的发生。而更多的交易则促进了专业分工，从而有利于提高劳动生产率，促进经济增长。

金融通过影响储蓄和投资来影响经济增长。这涉及金融在信息、治理、风险管理等方面的功能。对一个投资项目，金融能够向投资者提供项目信息、代表投资者对项目进行监督、将分散于众多投资者的小额资金进行整合，并将整合后的资金再进行优化，以分散投资为投资者管理流动性风险等。

金融可以通过对投资项目的筛选来优化投资（Diamond，1984；Boyd，Prescott，1986），为投资者分散风险并解决大项目不可分割问题。金融所具有的这种整合资金并进行期限转换的功能，可以降低流动性风险从而促进长期投资（Diamond，Dybvig，1983）。整合后的资金具有规模经济效应，可以降低对项目进行评估和监督的单位成本。当金融机构将众多分散的小额资金整合并投资于项目后，就将自身短期负债转换为长期资产。这种对资金加以集中并做期限转换的功能，为资金的需求方（企业）和供给方（投资者）都提供了流动性。有了流动性，企业就可以进行长期投资。而投资者获得了流动性之后，就会有动力将储蓄投入市场以获取更高回报。不仅如此，那些无法通过分散投资来消除的风险，还可以通过金融机构跨期分散风险的功能来对之进行消除（Allen，Gale，1997）。

一些研究从公司金融角度来分析金融对投资决策的影响。这涉及金融在信息及治理等方面的功能。股票的二级市场能够非常有效地提供信息，可以通过托宾 Q 值（Tobin's Q）来帮助投资者区分好投资与坏投资，从而促进经济增长。在公司治理方面，Jensen 和 Merkling（1976）的代理人理论认为，外部投资者可以对管理层施加压力，或者通过持股计划的激励，来促使管理层将公司价值最大化作为目标。而公司债则可以通过降低自由现金流方式对公司管理层形成约束。金融还可以通过对管理层的潜在威胁来形成纪律约束：一个经营不善的公司可能会被其他公司收购重组，或受到来自维权基金（Activist Funds）的压力，其管理层可因此而被解雇。

还有些研究从金融与经济互动入手，认为二者是相互促进的关系。Greenwood 和 Jovanovic（1990）认为，金融与经济增长是一个共同的内生性决定过程。金融深化带来经济增长而经济增长又会促进金融发展，二者最终形成一个相互促进的良性循环。他们还建立了一个类似于 Kuznets 周期的发展周期，认为金融会带来经济高速增长，但同时会加大贫富差距。

如果从金融的具体功能中抽出，而对金融与实体做体系上的刻画，随着经济体系与制度的发展，学术研究在这方面也经历了几个阶段。很大程度上，这种研究就是围绕着货币究竟是不是"面纱"（Veil）而进行。

对金融与实体关系的早期研究更加偏重货币，要么认为货币对实体能够产生短期冲击，要么认为货币与实体无关。这些研究与 Taylor（2012）所总结的实体经济所经历的现实状况有关：1870～1970 年的100 年是以货币为主的货币时代，而 20 世纪 70 年代之后则是信用开始占据重要地位的信用时代。

Friedman, Schwartz（1963）身处货币时代，也就发展出了经济学里的货币论（Money View），认为货币供给在短期内可以影响产出（Schularick, Taylor, 2009）。货币论重视银行的负债而不是信用创造。这样，央行的政策目标就应该是控制银行的总体负债，而不需要考虑银行通过贷款来创造信用的活动。

Modigliani, Miller（1958）在公司金融方面的研究则推进了金融无关论（Irrelevance View）的发展。他们对公司资本结构与公司价值进行研究认为，公司价值与资本结构中股权与债权所占比例无关，从而形成无关论。这种观点将金融回归到古典经济学中"面纱"的地位，认为金融与实体无关。金融无关论为后来的真实周期理论（Real Business Cycle）提供了思想源泉。真实周期理论围绕实体经济建模，很少考虑货币，更不会考虑金融结构。后来，以Woodford（2003）为代表的新凯恩斯综合也认为金融对宏观经济运行没有影响。

20世纪70年代之后全球经济进入信用时代，促成了20世纪80年代形成的信用观（Credit View）。信用观认为，银行的信贷投放机制及数量与银行的货币创造同样重要。这样，银行的整个资产负债表，包括资产方、杠杆及杠杆的组成都可能对宏观经济产生影响。这些思想最早体现在Fischer（1933），Gurley, Shaw（1955）和Mishkin（1978）中，但以Bernanke（1983，1993），Gertler（1988），Bernanke, Blinder（1988）和Bernanke, Gertler, Gilchrist（1999）的研究最具影响力。

2007~2009年金融危机发生后，学术界开始考虑金融系统可能同时具有作为冲击来源及冲击放大机制的双重作用，实际上认可了明斯基的金融不稳定理论。这方面的进一步研究包括Adrian和Shin（2008b），Curdia和Woodford（2010），Schularick和Taylor（2009），Reinhart和Rogoff（2009），Geanakoplos（2009）等。

2007~2009年金融危机还改变了之前研究者做出的关于金融对实体的影响几乎"一边倒"的正面结论。不过早在20年前，Bencivenga和Smith（1991）及King和Levine（1993）就提出过金融对实体可能产生的负面影响。他们从利率（也即资金的价格）入手，认为当利率的收入作用大于利率作为价格的替代作用时，高利率可能导致投资者降低储蓄，从而降低经济增速。

此次全球金融危机后，更多学者开始考虑金融发展（本书所定义的经济金融化）对经济增长可能产生的约束作用：当经济的金融化超出一定程度，反而可能会对经济增长产生限制。一些学者因此提出金融的"过度发展"的可能，并试图计算一个金融发展的最优程度（Arcand，Jean-Louis，Berkes，Enrico，Panizza，Ugo，2012）。Philippon（2010）把金融行业作为研究对象，认为金融可能吸引过多的资源投入：金融在解决代理人等问题上存在一定限度，却又与其他实体经济部门争夺人力资本等资源的投入。Bolton、Santos、Scheinkman（2011）认为，金融行业可能会攫取过多的信息租金，并因此吸引过多的人力资本，从而导致人均GDP增长的下降。

Arcand、Berkes、Panizza（2012）通过实证分析表明，当金融发展超过一定程度之后就不再对经济增长起促进作用。他们将私人部门信贷与GDP之比作为金融发展（金融化）标准发现，当金融化程度超过GDP的110%时，就开始对经济增长起负面作用。他们认为，对经济增长的这种负面冲击不是由产出波动、银行危机、制度或银行法规等造成，而是源于金融发展的消失效应（Vanishing Effect）。一些更为细化的研究则按人均收入的不同将国家进行分类，发现中低收入国家的金融与增长的正向关系更为明显，而那些处于劳动生产率前沿（Productivity Frontier）的国家，其金融与经济增长的关系则较弱（Aghion，Howitt，Mayer-Foulkes，2005）。

其他一些研究者则从制度入手，认为金融背后的契约框架，而非金融本身才是促进经济增长的原因。Daron Acemoglu是从制度（包括物权、专利保护等）角度来研究经济增长的代表人物。但Acemoglu和Johnson（2005）在对物权制度（Property Rights Institutions）和合约制度（Contracting Institutions）在经济增长方面的作用进行分析后认为，物权保护比合约制度更为重要。

实证方面，关于金融与经济增长的早期研究，多为对二者正相关关系的认定。如果理论上已经事先认定了金融对实体的促进作用，那么实证方面发现的二者的正相关关系就会是一个佐证。但是，如果在理论上接受 Greenwood 和 Jovanovic（1990）所说金融与经济是相互促进的内生性关系，那么二者的正相关并不代表因果关系。对金融与增长最早的实证分析是 Goldsmith（1969），其结论是金融发展与 GDP 增长存在正相关性。随后的研究增加了有关国别特性的控制变量，发现银行与金融市场的发展都可以预测 GDP 增长（Levine，Zervos，1998）。之后的很多研究开始用工具变量（外部工具变量如国别特征数据，内部工具变量如一国金融行业发展的时间序列）来认定金融发展与经济增长的因果关系（Beck，Levine，Loazya，2000）。其他一些方法则对一国长序列的时间序列数据进行格兰杰检验来认定因果关系（Rousseau，Sylla，2005；Bell，Rousseau，2001；Xu，2000）。这些研究用格兰杰检验对数据进行分析，发现金融发展能够预测经济增长。

Demetriades 和 Hussein（1996）对金融与增长的实证研究则与 Greenwood 和 Jovanovic（1990）理论一致，认为金融发展与经济增长互为因果。在行业层面，Rajan 和 Zingales（1998）的实证研究表明，在金融高度发展的国家，那些对外部融资存在依赖行业的增长更快。随后的其他行业研究表明，金融发展可以促进那些有很大增长机会、更依赖无形资产的行业，以及拥有更多小企业行业的增长。

Morgan、Rime、Strahan（2004），Acharya、Imbs、Sturgess（2011）和 Demyanyk、Ostergaard、Sørensen（2007）则围绕 20 世纪 70 年代和 80 年代美国银行业监管的放松而展开研究。他们普遍认为美国银行业的开放促进了创业、降低了银行贷款损失并加快了经济增长。他们还得出结论认为，银行业开放降低了经济的波动。

King 和 Levine（1993）及 Beck、Levine、Loayza（2000）的研究发现，私人部门更多的外部融资会促进经济增长。Wurgler（2000）对 65 个国家 28 个行业 33 年的资本形成（投资）与增加值数据进行研究，发现金融市场（具体指标为股票及信贷市场与 GDP 之比）更发达的国家在资本配置方面做得更好。在他们的研究中，好的资本配置指的是高增长行业的投资增加得更多，而衰退行业的投资减少得也更多。这样，金融化程度更高的国家尽管投资总量不一定更大，但在投资结构上对资源的配置更为优化。

三、金融结构与增长

金融结构指银行为代表的金融中介与股市为代表的资本市场在金融体系的相对重要性。17世纪时，西方的金融体系已经形成了包括商业银行、中央银行和股市在内的完整的市场结构。而银行与上市公司及交易所也开始建立联系。

银行是最早出现的金融机构。银行的初级形态在公元前2000年就已经出现在Assyria和Babylonia。现代意义上的银行也于14世纪就在意大利得到发展。最早的上市公司则是1602年在荷兰成立的VOC（联合东印度公司）。股票交易市场随之得以发展。阿姆斯特丹Exchange Bank于1609年成立，开始提供以VOC股票为抵押的贷款，从而建立了股市与信用市场的联系。股票融资业务的发展则建立了上市公司、交易所与银行间的关系。1657年，部分准本金制的瑞典斯德哥尔摩银行成立，开创了比例制银行（Fractional Banking）制度。1668年，最早的中央银行瑞典Riskbank成立。现代意义的银行和资本市场也就发展起来了。

当今对金融市场做结构上的区分，一般分为以银行为主的金融机构/中介（Financial Institutions/Intermediary）和金融市场（Financial Markets）两种类型。前者又被称为间接融资，而后者又被称为直接融资。本书在论述中，会将前者称为银行、银行体系或中介，而将后者称为市场或资本市场。

学术界关于金融结构也进行了上百年的辩论。

从发挥金融功能（如信息生成、公司治理和风险分散等）角度，银行体系与市场体系存在诸多不同，各有优势。

信息方面，银行是私有市场（Private Market），因此会收集并生成私有信息，以解决信息不对称问题。资本市场是公开市场（Public Market），会通过价格生成公开信息。公司治理方面，银行可以在贷款合约中写入限制性条款来直接实行公司治理职能；还可以降低自由现金流来约束管理层，从而实行间接的公司治理。而市场则通过各种激励机制，如将管理层报酬与股价挂钩、通过股东选举及兼并重组等来实行公司治理。分散风险方面，银行的优势是将风险进行跨期分散，从而将不容易同期分散的风险（如宏观风险等）通过跨期来消除。金融市场管理风险的优势则在于将属于同一期的风险在不同行业之间进行分散。银行在提供定制产品方面有优势，而市场在提供标准化产品方面有优势。不过，资产证券化等金融创新已经模糊了银行与金融市场的边界。

金融市场中债券投资者与股权投资者偏好不同。Goldman Sachs（2016）的 Himmelberg 认为，债券投资者希望被投资对象拥有硬资产（如零售实体店），而股权投资者则更加能够接受轻资产公司（如电商）。

学术界对两种体系孰优孰劣的辩论，重点并非论证其中一个体系的"好"，而是论证另一体系的"坏"。

支持银行体系的一方，从信息收集和公司治理方面出发，认为市场体系在这方面占劣势。他们认为在流动性高的资本市场，投资者能够以低成本快速出售手中的证券，因此没有动力去监督公司管理层（Bhide，1993；Stigliz，1985）。资本市场众多的小股东也不愿意承担监督公司的成本，而是希望"搭便车"，从而造成市场在公司信息收集方面的欠缺（Stiglitz，1985）。银行作为私有市场，不会公开自己所持有的信息，因此有动力花费成本去监督公司（Boot，Greenbaum，Thakor，1993）。金融市场通过兼并重组的潜在威胁来施行公司治理也被认为无效，因为众多小股东会试图从兼并中获利而不愿出售手中的股票，从而降低了兼并重组的获利空间（Grossman，Hart，1980）。

支持金融市场的一方，对银行的批评主要是认为银行会限制创新。银行有强大的市场力量，会选择保护那些业务已经很成熟的公司，从中榨取信息租金，因此会阻碍创新。银行的市场力量还使得银行从公司投资中抽走过多利润，以至于降低公司投资的动力（Rajan，1992）。而银行的债权人身份也使银行更加偏好那些保守的投资，从而会限制创新和增长（Weinstein，Yafeh，1998；Morck，Nakamura，1999）。

Boyd 和 Smith（1998）则认为没有哪种金融结构具有天然优势。他们的模型显示，最优的金融结构会随着金融系统的发展而变化。

实证分析似乎更支持 Boyd 和 Simth（1998），因为没有数据支持哪种体系更能够促进经济增长，这在国家、行业和公司层面均如此（Levine，2002；Beck，Levine，2002；Demirguc‐Kunt，Maksimovic，2002）。实证研究能够发现的是，对增长起到解释作用的是整体金融发展，而不是金融体系的结构。对这种实证结果进行解释，金融服务观点（Financial Services View）认为金融服务是重要的，而谁来提供这些服务并不重要。这些基于金融功能的研究往往过于强调金融的积极作用。但正如前文所述，金融化（金融发展）到一定程度之后也可能会对经济增长起到负面作用。

Beck 等（2008）发现基于市场的金融体系比基于银行的金融体系的收入弹性更高，因此解释了为什么现实中低收入国家的金融体系多以银行体系为主。Manova（2008）研究表明，对于那些依赖外部融资并且不能提供太多抵押品的行业，开放股市可以帮助它们增加出口，从而为 Goldman Sachs（2016）对股与债的区分提供了支持。

四、金融与国际贸易

金融对国际贸易的重要性，在 2007～2009 年金融危机中得到体现。金融危机最严重时，信用市场一度崩溃，从而导致贸易融资（Trade Fiance）一度崩溃，并进而导致国际贸易受到干扰。

金融与国际贸易方面的学术研究主要围绕行业层面展开。国际贸易的理论核心是基于比较优势的分工（Simth，1776；Ricardo，

1817)，对其进行的研究自然就会落实到具体行业。

金融的发展（金融化）会以影响投资的方式来影响出口行业发展。当金融将社会储蓄集中起来进行投资，从而将资源配置到特定行业时，就可能会形成该行业的比较优势，也就会影响国际贸易。Ju 和 Wei（2005）表明，当一国经济存在外部融资约束时，金融深化会增加那些对外部融资更为依赖行业的产出。Manova（2010）的模型表明，如果金融的发展能够缓解一家公司的融资限制（Financing Constraint），就会形成该公司的比较优势，从而利于出口。Beck（2002，2003）发现，金融发展有利于制造业和融资需求高行业的发展。Hur、Raj、Riyanto（2006）表明，金融发展有利于有形资产高的行业的出口。Berman 和 Hericourt（2008）及 Muûls（2008）表明，消除一个公司的信贷约束，有利于它愿意成为一个出口型公司。Becker 和 Greenberg（2007）表明，金融发展会加大一国出口对汇率的敏感度。

宏观层面，金融是跨国公司实现全球分工，从而促进国际贸易的手段。19 世纪殖民地时期的全球化，以及 20 世纪中期之后的全球化分工，均通过由金融推动的国际投资来实现。在核心国—边缘国框架里，核心国的金融体系集聚分散的资金，并投向预期收益高的边缘国（19 世纪的铁路等基础设施以及后来的制造业等），从而形成全球性的生产制造分工体系。核心国对边缘国的投资，会通过投资周期而形成全球范围的经济周期：投资方面缺乏协调，从而造成最终的产能过剩、压低产成品价格、引发经济的下行周期、为投资者带来损失（Schwartz，2010）。金融促成了在边缘国的投资，也造成并加剧了边缘国及全球的经济周期。

2007～2009 年的金融危机同样是投资周期造成的供求失衡（有效需求不足）的结果。金融在提高效率的同时会隐藏并积累风险，并最终带来更大的危机。经济金融化的加深，则使该周期的速度更快、幅度更大。

五、金融与波动

2007～2009 年的金融危机再次激发了学者对金融与实体波动研究的兴趣。金融不仅自身存在波动与脆弱性而且会对实体经济波动产生影响。实体经济的波动则包括低频率但程度深的危机以及更高频率的经济衰退。

（一）金融的脆弱性

金融是脆弱的。金融史充满了动荡与周期、银行倒闭、银行危机与货币危机（Reinhart，Rogoff，2008）。Minsky（1986）认为，金融具有天然的不稳定性，从而提出金融不稳定假说（Financial Instability Hypothesis）。金融在经济社会中所担当的功能决定了金融具有内生的脆弱性。而金融危机都由信用推动，是信用经历繁荣到破裂的一个过程。

主流经济学关于金融脆弱性的研究主要围绕银行的脆弱性展开，分析银行挤兑的流动性风险。从银行出发来研究金融脆弱性自然有其道理：银行业在大部分国家的金融体系中占比都最高，银行因此承担重要的经济功能并有很大的外部性。银行业危机可以产生系统性风险，从而对实体经济产生深远影响。而仅仅因股市动荡而产生的波动（比如美国 2001 年互联网泡沫破裂）一般不会产生系统性风险。历史上看，与银行业危机相连的经济衰退往往更加严重，而且持续时间更长，这种衰退带来的产出损失要比一般衰退高出 2～3 倍（Claessens，Kose，Terrones，2008）。

Diamond 和 Dybvig（1983）建立了关于银行挤兑的经典模型，核心为银行负债端的支付风险。银行主营业务是将短期负债转换为长期资产的期限转换。这种期限转换就造成了银行资产与负债在时间期限上的不匹配，从而形成挤兑风险。挤兑风险也就成为银行天然的脆弱性。银行一旦遇到挤兑，会被迫出售资产，而且可能产生传染（Contagion），造成其他银行的支付困难。

从资产端看，代理人问题可能会导致银行承担过多风险，从而造成银行的脆弱。银行管理层的风险决策会为自己带来非对称的收益：成功的项目会为他们带来很大收益，但失败的项目并不会影响他们。银行因为债权人特别分散，所以代理人问题尤其突出。而银行业在经济中的地位很重要，一旦发生危机就具有巨大的外部性，会带来很大的社会成本。

针对银行的脆弱性，很多国家实行了存款保险及中央银行制度，以保护储户资金的安全。而对银行的监管措施主要为对银行做资本金的要求。2007～2009 年金融危机发生后，各国开始对包括信贷限制在内的宏观审慎政策更加重视。

银行挤兑可以由传染导致。这种传染可以是金融机构同时去杠杆而引发流动性循环（Liquidity Spiral）的结果。Brunnermeier、Crocket、Goodhart、Persaud、Shin（2009）认为，金融体系内部存在流动性循环：资产价格下跌促使金融机构出售资产（去杠杆），从而引发资产价格的进一步下降以及金融机构的进一步损失，金融机构因此再次出售资产，从而造成流动性循环。他们认为金融危机之所以发生，主要就是因为金融市场这种自我加强的流动性循环。在他们看来，外部冲击不是金融危机的原因，而仅仅起到引爆危机的作用。

他们同样认为金融系统自身就会产生危机，Minsky（1986）提出了金融不稳定假设，认为金融具有天然的脆弱性。Kindleberger 等（2011）则按照同样的思路对历史上的泡沫与周期进行了详尽描述与总结。Reinhart 和 Rogoff（2008）对金融及经济周期进行了实证分析和归纳。

Jordà、Schularick、Taylor（2010）对 140 年的历史数据进行分析认为，金融的脆弱性来自杠杆（Leverage）与风险（Risk）的积累。他们依然以银行业为基础展开对金融脆弱性的研究，但采用了宏观的研究视角。如果将银行业资产端的信贷与银行的非货币负债之比作为融资杠杆指标,那么银行业的杠杆已经到了前所未有的高度。非货币负债在银行业资金来源中越来越重要。但是非货币负债会受到资本市场流动性及市场信心等因素的影响,所以信用创造和金融稳定都开始受到资本市场的影响。这就将央行的责任扩展到了资本市场。

银行风险偏好的上升也加大了金融脆弱性。1970 年之后,银行体系内无风险(国债)资产占比大幅下降,而具有信用风险的资产占比则大幅上升。银行业危机也开始频繁出现。Demirguc - Kunt 和 Detragiache(1999)认为,金融自由化是导致银行风险资产占比上升的重要因素。反观 1945~1971 年的银行业,其资产端多为流动性高的无风险资产,银行业危机也很少发生。

信贷与资产价格的互动会造成金融的不稳定。在金融加速器模型中,银行信贷具有内生的周期性,而且比经济周期更为动荡。信贷繁荣会自我强化,从而带来资产价格繁荣。当资产价格上升时,抵押品价值会上升,信用额度就会上升。但当周期逆转时,资产价格与信贷之间则产生向下的相互增强:资产价格下降使得债务人资产负债表恶化,银行于是收缩贷款,使得经济活动进一步减缓,并促使资产价格进一步下跌。信贷和资产价格就这样相互作用,引发向上或向下的循环运动(Bernanke,Gertler,1989;Kiyotaki,Moore,1997;Fisher,1933)。

监管放松也会产生金融不稳定。20 世纪 70 年代和 80 年代,为了推动经济增长,很多国家开始实行金融自由化改革,开放资本市场,并将国有银行私有化。这造成了信用和资产价格繁荣,并在银行体系积累了大量风险。随后,这些国家往往就开始遭遇金融危机和经济危机。Demirguc - Kunt 和 Detragiache(1999)认为,导致这些国家金融危机的原因是金融法律法规的改革相对于金融自由化的滞后。Chang 和 Velasco(2001)及 Kaminsky 和 Reinhart(1999)则指出银行业危机与货币危机的紧密关系。当实际汇率大幅变动时,银行的偿债能力(Solvency)可能会受到影响,而政府为支持银行而采取的措施又可能使汇率更加不稳定,从而形成恶性循环。

Geanakoplos(2009)强调杠杆周期的作用。Acemoglu 等(2003)

认为，弱的政治制度会导致金融系统的不稳定。

一些实证分析试图对银行业危机做出预测。这些研究发现，银行业危机到来之前通常会产生如下现象：资金迅速流入并带来实际汇率的上升；经济增长开始降低；实际利率及通胀上升；信贷高速增长（Kaminsky，Reinhart，1999；Demirguc – Kunt 和 Detragiache，1998）。Demirguc – Kunt 和 Detragiache（1998）还认为，一国的汇率制度、货币的美元化程度以及银行业的市场结构都与系统性的银行危机有关。Reinhart 和 Rogoff（2009）则强调信心危机（Crisis of Confidence）在金融危机爆发中所起到的重要作用。他们认为，政府如果缺乏纪律性而过度举债，也容易导致金融危机爆发。

Laeven 和 Valencia（2008）发现，系统性的银行危机（在考虑对银行救助以及对储户保护所需的资金后）带来的财政成本可高达 GDP 的 50%。由于银行信贷下降等原因而带来的产出损失则可以超过 GDP 的 100%。Dell'Ariccia、Detragiache、Rajan（2008）、Braun 和 Lar-rain（2005）及 Kroszner、Laeven、Klingebiel（2007）研究表明，在银行业危机中，那些对外部融资更加依赖的行业所受的损失也更大，而且金融越是发达的国家越是如此。

不过，Rancière、Tornell、Westermann（2006）对金融自由化进行了辩护。他们对金融深化情况下进行成本与收益比较发现，金融自由化所带来的经济增长的收益要远远超过危机带来的经济衰退成本。

有关如何降低银行业脆弱性的研究往往围绕银行业集中度展开，但这种讨论无论在理论还是实证上都没有定论。

一种研究认为，银行业集中度上升有助于降低银行脆弱性。Mar-cus（1984），Chan、Greenbaum、Thakor（1986）及 Keeley（1990）的研究认为加大银行业集中度、降低银行业竞争能够降低银行业的脆弱性。这种被称为执照价值（Charter Value）的观点认为竞争压力会促使银行承担过多风险，从而带来脆弱性。而降低竞争则会为银行带来额外利润，从而能够为银行的脆弱性提供缓冲垫，并削减银行承担过多风险的冲动。Boot、Greenbaum、Thakor（1993）及 Allen 和 Gale（2000a，2004）认为，竞争会降低银行获取的信息租金，从而削弱它们对债务人进行监测的动力，增加银行的脆弱性风险。这些模型都认为金融自由化会带来更多的竞争，从而会带来更大的脆弱性。

其他研究则认为银行集中度上升会加大银行业脆弱性。Boyd 和 De Nicoló（2005）从银行所投资的项目的风险出发认为，竞争有助于降低脆弱性。他们认为银行业的竞争会降低利率，从而降低项目的资金成本，使得投资人能够投资于风险更低（回报也就更低）的项目，有助于降低系统性风险。在他们的模型中，银行业集中度上升会加大银行业脆弱性。

实证方面，由于竞争与稳定这两个指标都有测度方面的问题，对二者的关系就无法形成定论。实证研究还发现银行业集中度上升并不一定会降低银行间的竞争。不过，国别方面的实证研究表明，集中度高的银行体系比竞争性高的银行体系更不容易产生银行危机。

（二）金融与实体经济的波动

学术研究总是与经济现实紧密结合，并随着经济中新现象的发生而进一步发展。Fisher（1933）就是因为大萧条的发生而展开对金融与经济波动的研究，认为信用（Credit）在经济波动中扮演了重要角色。Gurley 和 Shaw（1955）也强调了信用对于经济的重要性。

同样对大萧条进行研究，Bernanke 和 Blinder（1988）及 Bernanke 和 Gertler（1989）将金融加速器作为放大与加强货币政策的传导机制。Bernanke、Gertler、Gilchrist（1999）分析了因为抵押品的约束作用而形成的金融脆弱性。

20 世纪 70 年代和 80 年代美国金融自由化引发了后来对美国银行业监管放松的研究。这些研究主要倾向于认为金融会降低波动（Morgan，Rime，Strahan，2004；Demyanyk，Ostergaard，Sørensen，2007）。而 Bernanke（2004）在解释 20 世纪 80 年代之后到金融危机之前美国经济的大缓和（Great Moderation）时，也认为金融发展是此期间经济波动下降的一个原因。

2007～2009 年的金融危机再次激发了学术界研究金融与波动的兴

趣。这时的研究多倾向于金融会加大甚至导致实体经济的波动。

这些研究很多都沿袭了 Bernanke 和 Gertler（1989）的金融加速器及 Kiyotaki，Moore（1997）的信贷周期框架。他们对商业周期（Business Cycle）的建模依然围绕劳动生产率的外部冲击而展开，同时考虑金融摩擦对这些冲击的传播。金融摩擦会导致资产价格与银行信贷的互动循环：资产价格的下跌会对公司资产负债表产生负面冲击，从而导致银行缩减向企业的贷款；企业因信贷受限而导致生产效率下降，并导致资产价格的进一步下跌，从而形成一个加速循环的过程。信用渠道在这里并不产生独立的冲击，而只是外部冲击的强化机制。金融摩擦则来自对资金需求方（Borrowing Sector）的信贷约束。

经纪自营商（Broker - dealer）在 2007~2009 年的金融危机中起到了关键作用，很多研究也就围绕他们展开。Adrian 和 Shin（2008c）将经纪自营商与商业银行进行比较，发现前者的资产增长能够解释房地产投资的增长，后者则不能。这样，资本市场融资条件（Fuding Condition）就会通过影响经纪自营商的资产增长，而对实体经济产生影响。

Adrian 和 Shin（2008b）进一步指出，货币政策可以通过影响经纪自营商的融资成本而对实体经济产生直接影响。经纪自营商主要通过再回购协议（Repurchase Agreement）等短期负债及其他类型的抵押贷款来融资。它们融来的资金，一部分会通过逆回购（Reverse Repurchase Agreement）方式借给对冲基金等杠杆投资者，其余则投资于低流动性的长期资产。因为经纪自营商的负债都是短期负债，他们的融资成本就与联邦资金等短期无风险利率市场产生联系。这样，央行就可以通过短期利率、收益率期限差和风险测度（Risk Measures）来对经纪自营商的资产增长产生直接影响。央行的货币政策因此就可以对实体经济产生直接影响，而不再需要通过影响长期利率来实现。他们的研究将金融摩擦归于经纪自营商，也即资金的供给方（Lending Sector）。

Adrian 和 Shin（2008a）认为，金融机构集体去杠杆（De - leveraging）的行为会导致金融危机的传染。当整个金融体系同时缩减资产负债表时，注定会有一些金融机构因期限错配而经历流动性危机。金融类公司收缩资产负债表是以股权为基础，通过改变杠杆大小来进行的。以回购协议为例，其折扣率（Haircut）决定了投资者最大杠杆。如果折扣率为2%，那么投资者就可以用2元的投入去购买100元的资产（买入的资产则成为抵押品），从而获得50倍杠杆。在市场出现危机时，如果折扣率从2%上升到4%，那么金融机构要么融到现金从而将股权翻番至4元；要么就要出售50%的资产，将资产负债表缩减至50元。通常情况下，金融机构都会采取出售资产的方式来应对折扣率的上升。这就会形成抵押品率循环（Brunnermeier，Pedersen，2008）。他们认为基于VaR（Value at Risk）的风险管理措施会对金融机构产生挤兑，并因机构间的回购协议而产生风险的传染。

Curdia和Woodford（2010）则将金融摩擦归于信用利差（Credit Spread）。

上述这些模型的共同特点是将金融作为冲击的放大机制，而不是冲击产生的来源。

Minsky（1986）认为金融自身就可以产生冲击。他的理论建立在金融不稳定假设之上，认为金融体系能够内生性地产生信用泡沫。泡沫会带来投资者的狂热与焦虑，从而带来实体经济的不稳定。Kindle-berger等（2011）遵循着同样的逻辑，对长期历史中的周期与泡沫进行了分析。明斯基的理论受到很多金融从业者的认同，却不被学术界重视。他因此被长期排除在主流经济学之外。

2007～2009年金融危机发生后，学术界开始考虑金融系统作为冲击的来源及放大机制的双重作用，实际上认可了明斯基的理论。

Geanakoplos（2009）对杠杆周期的研究综合了信用与实体的相互反馈周期，强调资产价格下降、去杠杆和资产的大甩卖（Fire Sale）之间的反馈与循环。他的杠杆周期模型将杠杆置于金融与经济波动的核心，认为杠杆变化对资产价格的影响巨大。加杠杆和去杠杆会形成泡沫产生和泡沫破裂的周期。

Schularick和Taylor（2009）强调信贷繁荣对经济衰退的作用。Reinhart和Rogoff（2009）依据更大规模和更长期的历史数据对金融周期与经济波动进行长时期的实证分析，以论证二者之间的关系。这些研究开始促使政策制定者对信用造成的资产泡沫产生重视，并考虑使用政策工具将泡沫的频率和幅度最小化，从而最终限制泡沫对实体经济的破坏潜力（Bernanke，2011）。

Schularick 和 Taylor（2009）对历史数据进行分析，将 20 世纪 70 年代之后的全球经济归为信用时代。他们发现该时期货币总量相对稳定，但银行资产大幅上升，而银行贷款与存款比也就大幅上升。Taylor（2012）将信用与周期联系，发现在 20 世纪 70 年代进入信用时代后，全球经济的波动也上升了。

Schwartz（2010）认为，国际货币体系的安排与经济波动有密切关系。他认为20 世纪70 年代之后，国际秩序回到了 19 世纪时期的状态，也就产生了与 19 世纪体系所伴生的经济波动，并最终形成了2007～2009 年的金融危机与经济危机。

不过，20 世纪 80 年代后，实体经济的波动进入了一个长达 20 年的缓和期（见图 2-1）。经济在每个季度的实际增长波动从 80 年代中期开始下降了一半，季度通胀则下降了约 2/3（Blanchard，Simon，2000）。与此同时，除日本之外的其他主要工业国家的产出和通胀也发生了同样的下降（Bernanke，2004）。

这个持续 20 年的时期被称为大缓和（Great Moderation）时期，学术界甚至认为经济周期的问题已经被解决。在 2003 年美国经济学会的主席演讲（Presidential Address）中，Lucas 说："宏观经济学……已经成功。其核心的防止萧条的任务已经被解决……"

如何解释 20 世纪 80 年代开始的经济波动的下降？Bernanke（2004）认为金融起到了积极作用。他给出了三个可能答案：结构性变化、宏观政策水平的提高及运气。其中的结构性变化即包含金融发展，也即金融市场的深度和成熟度的提高，以及管制的放松。他认为货币政策水平的提高也是经济波动降低的原因。

2007～2009 年的金融危机表明，之前 20 年的所谓大缓和只是幻象。经济波动并没有永久性地下降，经济学并没有从根本上解决经济周期的问题。

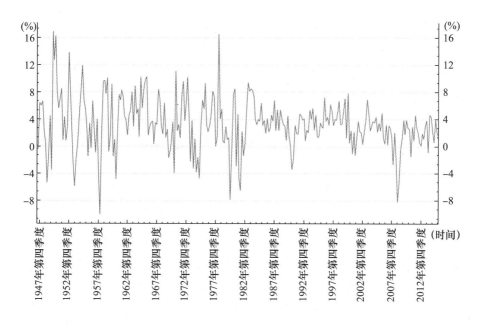

图 2 – 1 美国 GDP 增速（环比年化）

资料来源：Wind 资讯。

或许正如 Bernanke（2004）所说，更为积极的货币政策在一定时期内压低了经济的波动。但也正如 Taleb（2012）的反脆弱（Antifragile）理论所述，将每一个小波动都进行压制，可能会导致最终更大的波动到来，正如明斯基所说的"稳定性本身会带来不稳定"。过度的稳定对经济来说并非好事：企业由于长时期的稳定可能会变得虚弱，弱点可能会被深藏并持续积累。对市场也是如此，如果长期没有波动，混乱一旦发生其损害将更大。所以将危机推迟并不是什么好事。Schularick 和 Taylor（2009）认为，"二战"之后，政府更加积极主动地运用货币政策来应对金融危机，从而降低了银行业危机的频率及损失，并且通常能够避免通缩的发生。但是，很自然要问，政府对金融系统隐含的或者明确的保险措施在多大程度上鼓励了杠杆如此大规模的扩张（Geanakoplos，2010）。"大缓和"时期的长期平静恰恰是经济体杠杆大幅上升的一个重要原因。Geanakoplos（2010）的杠杆周期理论将 2007～2009 年的金融危机归于这次前所未有的杠杆积累。

更早的一些研究也将金融危机归于杠杆的积累。White 和 Borio（2004）就在全球央行的 Jackson Hole 会议中对经济中信贷的积累做出过警告。而 Eichengreen 和 Mitchener（2003）则将大萧条总结为信贷繁荣出了差错（Credit boom gone wrong.）。

Taylor（2012）认为，私人部门信贷（银行信贷）是预测金融危机唯一的可靠因素。他使用归类测试（Classification Test）方法对一些关键变量进行测试，发现私人部门的信贷增长包含预测金融危机的信息，而公共债务/GDP 及经常项目余额/GDP 对预测未来的金融危机不起作用。他对 14 个发达国家 1870 年以来（剔除两次世界大战）的外部资金流入（经常账户余额/GDP）及总体信贷（银行贷款变化/GDP）的相关性进行研究发现，二者长期的相关性基本为零。有一个期间（1870～1889 年）二者相关性为负，而此期间正是殖民地资本主义经济发展最旺盛，资本从高储蓄的核心国流出的阶段。有一个时期（1949～1968 年）二者相关性为正，而这个时期高储蓄的经济体处于经常账户顺差但同时信贷也在迅速扩张。除了这两个阶段，二者的相关性为零。对公共债务进行的类似分析，也发现公共债务的变化对金融危机没有预测作用。这样，就没有理由认为财政问题是造成金融危机的根本原因。Taylor（2012）因此认定私人部门信贷是预测金融危机的唯一有用而且可靠的因素。

Taylor（2012）进一步对信贷增长与衰退进行研究发现，扩张期的信贷/GDP 增长与随后的衰退程度有很强关系。这样，信贷的影响就不仅仅局限于低频率发生的危机上，而且适用于更高频率的衰退。信贷与衰退的紧密关系表明，信贷并不是实体经济某种变化而产生的附加现象，信贷本身可能就是波动的来源。不仅如此，由信贷繁荣带来的金融危机，对增长、通胀、信贷和投资等实体经济变量的影响会更加严重，而经济复苏所需要的时间也更长（Claessens，Kose，Terrones，2008）。

杠杆的过度使用还被认为是 1929～1933 年美国大萧条的重要原因。大萧条的起因一直颇具争议，有的研究认为原因在于股市崩溃，有的研究则认为原因在于错误的货币政策。Elliott、Feldberg、Lehnert

（2013）认为，20 世纪 20 年代投资者加杠杆是造成 1929 年股灾的重要原因。不仅如此，过度信贷还主要来自非法银行体系（Bootleg Banking），类似于今天的影子银行。其中一个重要的融资来源是通知贷款（Call Loan）市场。这是银行为股票经纪商提供的短期抵押（以股票和债券做抵押）贷款。Pecora 委员会的报告指出，美国在通知贷款方面监管不严，因此产生过度信贷，从而造成股票市场的繁荣与崩溃。他们的研究表明，当股票市值在 1926～1929 年高点翻番时，股票经纪商的贷款也同时翻番，二者具有高度相关性。1934 年美国国会结论认为，信贷引发的投机将资源从生产率高的地方引走，"这些行为造成或加强了股市产生泡沫的倾向性，股票价格先是上升到远高于内在价值的高度，然后又由于那些高杠杆投资者的信用被收回而出现价格崩溃。"美联储在当时认为股市波动造成了经济波动，"通过对保证金进行控制，在过去造成经济波动的股市对信贷的过度使用被控制住了。信贷造成的股市繁荣及随后不可避免的灾难式的崩溃基本上被消除掉了"（Purpose and Functions，1947）。

六、信贷周期/杠杆周期

信贷与杠杆紧密相连，所以金融周期、信贷周期、杠杆周期这几个术语很大程度上往往被交互使用，以描述从信贷繁荣到信贷破裂的过程。信贷繁荣（Credit Boom）一般被定义为某一时期内私人部门的信贷增长超过商业周期扩张时正常的信贷增长速度（Mendoza，Terrones，2008）。而与信贷相应的概念就是杠杆。

杠杆可以加大投资者的收益或损失。以购房为例，一个 10 万元的房子，如果首付为 2 万元，那么折扣率（Haircut）就等于 20%，贷款与价值比（Loan to Value，LTV）就是 80%，而抵押品率就是 $10/8 = 125\%$。杠杆为资产价值与首付现金（也即权益或净资产）之比，$10/2 = 5$。当房价上升时，5 倍的杠杆会为投资者带来 5 倍的收益。当房价上升 10%，达到 11 万元时，那么投资者的收益就是 1/2 = 50%。

（一）杠杆周期

杠杆具有顺周期性，因此会加大冲击。Brunnermeier 等（2009）从投资者行为描述杠杆周期，认为资产价格的变化会引发供求变化，从而会加大冲击。在资产价格上升期，净值（Equity）上升速度比资产价格上升速度更快，杠杆因此下降。投资者为维持高的股东回报，就需要恢复之前的高杠杆，从而需要融更多的资金来购买更多资产。

危机出现时，折扣率（Haircut）大幅上升，金融机构就必须通过出售资产或增发新股的方式去杠杆。发行新股和出售资产在市场虚弱时都非常困难。从 Adrain 和 Shin（2007）给出的证据来看，去杠杆通常是以出售资产（也即缩减资产负债表）的方式来完成，而股权往往维持不变。

Geanakoplos（2009）更是将杠杆置于资产价格波动及金融危机的核心，认为在宏观经济层面杠杆与利率一样重要，甚至更重要。不过，他对杠杆顺周期行为的解释，是建立在非同质的投资者假设上，认为杠杆投资者更加乐观。作为一个债券型对冲基金的创办合伙人，Geanakoplos 深度参与着金融实践，对投资者的加杠杆及去杠杆行为有着深刻理解。在这一点上，他与明斯基类似（明斯基曾任银行的董事）。在他的框架中，杠杆处于经济核心，其变化会造成资产价格的巨大变动，从而形成经济泡沫的生产及破裂的周期。贷款需求方的耐心程度决定了利率，而贷款供给方对波动也即风险的担忧则决定了抵押品率，也即杠杆率。这样，贷款供求既决定了利率，又决定了杠杆。

杠杆在泡沫破裂中的确起到了重要作用。历史上每次泡沫的破裂都是从某种负面消息的出现开始的。负面消息会导致市场的不确定性及波动加大。波动的加大导致债权人更加重视风险，开始要求债务人追加抵押品并大幅去杠杆。债务人因此被迫出售资产，从而压低资产价格。由于杠杆使用者是乐观的投资者，去杠杆的过程会使那些使用杠杆最多、也最乐观的投资者最早出局。坏消息、去杠杆与乐观投资者出局三者之间会相互加强，形成恶性循环（见图2－2）。

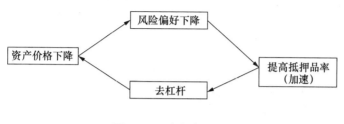

图2－2　去杠杆周期

杠杆周期模型放弃了传统经济学对人的同质性（Homogeneous）假设，认为使用杠杆的都是对资产乐观的人。乐观的人才愿意借钱去购买资产。而那些对资产不乐观的人，即使市场为之提供杠杆，他们也不会选择使用。杠杆产生的影响因此就是不对称的，更多的杠杆只会影响那些乐观者，而不会影响其他人。杠杆的增大，就意味着边际上的买方都是乐观的人，愿意付出更高的价格，从而会推动资产价格上升。这样，杠杆与资产价格就具有了正相关性：随着杠杆的上升，资产价格也上升；随着杠杆的下降，资产价格也下降。而且资产价格不仅由基本面决定，而且由杠杆的可获得性决定。这是一种对金融资产供求的结构性分析，将市场参与者按照杠杆的高低进行乐观程度的区分。市场参与者因此是不同质的（Heterogeneous）。

由于杠杆与资产价格的正相关关系，在正常时期，杠杆太高因此资产价格也过高；而在危机时杠杆又太低，从而造成资产价格过低。这个周期会不断循环。当杠杆率上下波动时，资产价格随之波动，并对实体经济产生冲击。

杠杆周期会带来一系列负面影响。在杠杆上升期，由于资产定价由最乐观的投资者决定，所以资产价格会偏高。过高价格会引导过度投资，并最终造成投资的大幅波动，从而对实体经济产生干扰。在杠杆的下行周期，资产价格的急剧下降会降低各行业的信贷可获得性，从而使得普通公众的正常贷款需求也受到冲击。杠杆周期还会加大贫富差距。在上升期，那些使用高杠杆的人会迅速积累大量财富。而在周期下行时，那些最乐观的人又会因为破产而产生债务积压（Debt Overhang）问题。当杠杆投资者违约时，收回抵押品成本很高，债权人要承担很大损失。

高杠杆的积累，可能是因为经济和市场长时间保持了平静和低波动，也可能是因为资产证券化等金融创新。资产证券化具有分散风险的功能，因此可能会降低债权人的风险意识，从而愿意将更多的资金投入市场。而一些金融工具如 CDS 和 CDO 等天然就带有杠杆，从而使得经济及金融体系的杠杆得到多重积累。

杠杆周期的存在，就意味着央行要对银行体系及大型投资公司的杠杆数据进行收集和监督。央行职责就要从货币（利率及货币数量）扩展到资本市场（杠杆）。央行在危机时期格外关注杠杆，因为这时抵押品率（Collateral Rate）、保证金（Margin）或杠杆（Leverage）比平时都要更加重要。

（二）加杠杆及金融化

Taylor（2012）将经济体的杠杆定义为银行资产、银行贷款或广义货币与 GDP 之比。本书也用这些指标来代表经济金融化的程度。这样来看，发达国家今天的金融化程度就比以往任何时候都要高。

"二战"之后，20 世纪 40 ~ 70 年代，发达国家在金融方面施行了金融抑制（Financial Repression）的监管（Shaw，1973；McKinnon，1973）。实体经济方面，技术进步则带来了高增长及温和通胀。这个阶段，政府法规、技术以及偏好都造成了经济体很低的杠杆。该期间也没有发生过任何重大的金融危机。以银行贷款与 GDP 比、广义货币与 GDP 或银行资产与 GDP 比作为杠杆指标来看，当时经济体的杠杆都是相对稳定的。银行信贷（Credit）与 GDP 之比大概维持在 0.4 ~ 0.5，而广义货币与 GDP 之比大概维持在 0.6 ~ 0.7。该阶段，信用（Credit）与货币紧密相连，货币是当时经济中信用扩张的基础（货币时代特征）。金融抑制带来低杠杆，从而消除了 19 世纪频繁发生（每隔 10~20 年就要发生一次）的信用周期（见图 2-3）。

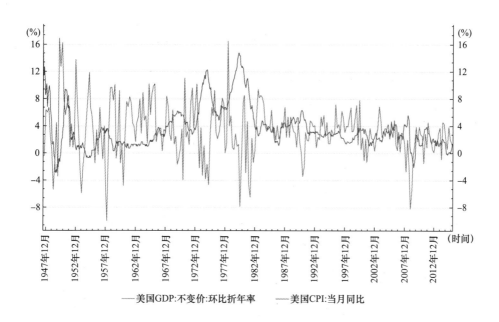

——美国GDP:不变价:环比折年率　　——美国CPI:当月同比

图 2-3　美国 GDP 增速与通胀

资料来源：Wind 资讯。

由于被抑制，当时信贷增长缓慢，金融体量小而且没有创新。国际金融体系则因为固定汇率及资本管制而维持了相对稳定。而当时实体经济的投资、储蓄及经济增长都很高，表明当时的金融体系有足够的能力来调配储蓄以支持增长。

20 世纪 70 年代之后的信用时代（Age of Credit），金融自由化及金融创新开始广为发展，银行业则迅速增加杠杆。银行的风险偏好及风险积累都在上升，银行信贷开始迅速增加。银行的货币负债依然保持稳定：广义货币与 GDP 之比稳定在 0.7 左右。但是银行资产与 GDP 之比迅速扩张，从 0.2 上升到 2；其中银行信贷（Credit）与 GDP 之比则从 0.5 上升到 1。这样，银行信贷与广义货币脱钩，信用扩张在边际上已不再由货币负债来推动。银行间市场等批发融资成为银行主要的融资渠道，资本市场越来越重要。在银行资产的构成上，政府债务等无风险资产下降，而具有信用风险的资产则大幅上升。杠杆及信用风险的积累推升了银行系统的整体风险。

银行业风险偏好的上升缘于经济发展及制度安排变化。大萧条与"二战"降低了银行业的风险偏好。战后经济经历了几十年高速发展，到 20 世纪 70 年代已经促使银行业恢复了风险偏好。制度方面，金融自由化及监管放松则为银行扩展风险边界提供了空间。银行业还可能因为央行的最后贷款人角色及存款保险制度而生成道德风险，进而承担更多风险。

20 世纪 70 年代之后的信用时代，金融自由化及全球化还使得资金能够更加便利地在国际间流动。与此同时，全球范围内金融危机的爆发也开始频繁，包括 80 年代拉美国家的债务危机，80 年代末和 90 年代初美国的债务危机以及 90 年代发展中国家的货币、金融及主权债务危机，尤其是 1997~1998 年亚洲金融危机。这些发展的最新结果就是 2007~2009 年的全球金融危机。

20 世纪 90 年代之后，发展中国家的高储蓄开始融入全球金融体系。于是，与传统经济学的预测相反，全球资金开始从发展中国家流入发达国家。但从结构上来看，这种净流入主要是因为政府部门的资金流动。私人部门的资金则始终大量由发达国家流向发展中国家。政府部门的资金流动实际就是对外储的积累，由储备积累和主权基金组成。发展中国家之所以能够大量积累外储是因为储备货币已经变成法定货币。法定货币所受限制较小，基本上可随意生成。①

发展中国家之所以大量积累外储，是因为它们经历了 20 世纪 90 年代的金融危机。金融危机发生后，国际资金流动反转，发展中国家经济因此遭受伤害，并丧失了政策制定权。因为缺乏全球性的风险共享机制，发展中国家因此选择积累外汇储备来进行自我保险（Self Insurance）。这就形成了发展中国家的"过度储蓄"（Savings Glut），并

---

① 对外储的大量积累，在以黄金为储备的历史上从未出现。由于黄金供给在大部分时间都没有弹性，一国黄金储备的增加等同于另一国对黄金储备的减少，而黄金储备的总量不会有太大变化。但在如今美元及少数其他法定货币作为储备货币的情况下，因为法定货币可随意生成，其供给受到的限制就小。

带来发达国家对债务的积累。[①] 这种资金流动还压低了发达国家利率，为加杠杆带来更大动力。[②]

（三）去杠杆

杠杆积累到一定程度之后，去杠杆过程可能会突然爆发。这样，债务存量就与债务流量一样也非常重要。债务与风险承担（Risk Taking）之间的紧密联系与互动也会引发去杠杆的突然爆发（Caruana，2016）。这是因为利率的微小变动就可能会引发风险承担的很大变动，从而影响信用（Credit）的增长。这样，利率就不仅可以直接影响市场，还会通过风险承担渠道对市场产生间接影响。资产价格下跌、风险偏好下降、去杠杆的突然爆发这三方面会相互加强，从而形成Geanakoplos（2009）所描述的杠杆周期。这时如果经济体的债务存量已经很大，那么抗周期的货币政策就可能已经难以起到作用。

汇率波动与跨境资金流动之间也可能因为风险承担而形成互动加强的过程。如果外币计价的债务很多，会产生汇率与债务及风险承担的互动加强。汇率的变动也影响了信用的增长率，并产生相互加强的循环。

---

① 发展中国家过度储蓄以及发达国家的储蓄不足，可以有各种解释，其中基本面上最具有长期效应的可能就是人口结构的变化，即发达国家相对于发展中国家更加迅速进行的老龄化，抑制了发达国家的储蓄。

② 国际间资金流动的另外一个结构性特征就是风险资产几乎全部集中于私人部门，而官方持有的几乎全部为无风险资产（包括美国"两房"房屋抵押贷款）。这种资金的"逆向"流动的最大约束可能就是发达国家能够在多大程度上持续发行无风险资产。

第三章　大宗商品金融化

大宗商品金融化（Financialization of Commodities Market）是一个较新的概念，其发展背景是 2001～2008 年大宗商品价格大幅上涨引发的投资者对大宗商品期货投资的迅速增加。当机构及个人投资者将大宗商品作为一个资产类别来进行资产配置，从而使得金融投资者成为大宗商品市场日益重要的角色时，大宗商品就被认为"金融化"了。而林地及农场等由于哈佛大学等机构投资者的投资，也被认为金融化了。

大宗商品金融化相关研究在过去 10 多年的日益兴起，很大程度与大宗商品在 2008 年之前的持续暴涨以及随后的暴跌有关。迄今为止，关于投机者（Speculator）对大宗商品市场到底有何影响在学术界依然颇具争议。有的观点认为，大宗商品市场价格的巨大波动是因为金融投资者的进入（Masters，2008；Soros，2008；Henderson，Pearson，Wang，2012）。有的研究则持相反观点，认为金融投资者与大宗商品市场价格的波动无关（Fattouh，Kilian，Mahadeva，2013）。

无法否认的是，大宗商品与实体经济息息相关，而且会通过影响政策制定者对未来通胀的预期来影响货币政策。所以大宗商品金融化的相关研究对政策、法规以及大宗商品的有效定价等都有重要意义（Irwin，Sanders，2010）。而大宗商品金融化对大宗商品与其他资产价格的相关性及大宗商品价格的波动率的影响、对生产者的对冲策略及投机者的投资策略以及对各国能源和食品政策也都会产生深远影响（Tang，Xiong，2012）。

尽管有众多文献对大宗商品金融化进行了研究与争论，但大宗商品金融化的定义本身依然不十分确切与清晰，需要进行梳理。

一、大宗商品金融化

大宗商品"金融化"概念，由 Domanski 和 Heath（2007）首次在公开发表的论文中正式提出。在他们的论述中，大宗商品金融化具有如下特点：金融投资者更多进入大宗商品市场；大宗商品市场在一些方面变得更像金融市场；金融投资者日益活跃，并形成了一个金融交易的圈子。

随后很多研究开始对大宗商品金融化进行了更为明确的定义。这些定义的核心为，由于指数投资者（Commodity Index Traders，CIT）的进入，大宗商品期货成为一个资产类别而被投资者持有。这里，指数投资者并非严格限制于仅以指数方式进行大宗商品投资的投资者，而是包括大宗商品对冲基金在内的各种金融投资者。

Fattouh（2012）列出了大宗商品金融化的几个特点：涉及面很广的市场参与方如对冲基金、养老金、保险公司和个人投资者增加了对大宗商品的投资；使用了包括期货、期权、ETF、指数基金和定制产品在内的各种投资工具；金融创新使得投资者可以方便地以低成本方式参与大宗商品投资。他还提出金融投资者投资大宗商品的动机：增加收益、分散风险、对冲通胀风险和对冲美元走弱的风险。

Henderson、Pearson、Wang（2012）将大宗商品金融化描述为"金融领域相对于实体领域在决定价格水平和收益率方面获取了更大的影响"。他们对大宗商品金融化的描述与一般意义政治经济学领域的金融化概念较为接近。他们的研究中，大宗商品金融化包括两个方面：一方面是大宗商品市场投资者交易和仓位的变化，另一方面是新的金融投资者对大宗商品价格变化的影响。

综合来看，大宗商品金融化可以定义为，金融投资者对大宗商品期货市场的大量参与使得金融相对于实体而言，在大宗商品价格的决定方面取得了更大的影响；大宗商品期货价格的特性因此发生了变化，表现得与传统金融市场更为相似。

二、大宗商品金融化的发展

大宗商品金融化发展基本以 2000 年为起点。2000 年以前，大宗商品指数基金投资规模小到可以忽略（小于 60 亿美元——Mou，2012）。21 世纪初，大宗商品期货开始成为众多金融机构投资的一个资产类别（Falkowski，2011）。市场上，金融机构不断创新，为投资者投资大宗商品提供了简单、低成本的金融工具如期货、期权、指数基金和 ETF 等（Fattouh et al. ，2013）。Gorton 和 Rouwenhorst（2006）及 Erb 和 Harvey（2006）的研究认为，投资者可以通过适当投资大宗商品而获取风险溢价并降低投资组合的风险。这些研究，再加上众多低成本投资工具的出现，就推动了大宗商品投资的热潮（Irwin，Sanders，2010）。直至今日，大宗商品与其他金融资产较低的相关性仍被作为向投资者推荐大宗商品投资的依据。

各种基于大宗商品指数的金融产品从机构及个人投资者那里吸引了巨额投资资金。2003 ~ 2008 年，机构投资者购入的各种与大宗商品指数有关的金融工具从 10 亿美元上升到 2000 亿美元（CFTC 报告，2008）。交易所交易的大宗商品衍生品交易量已经是现货生产的 20 ~ 30 倍（UNCTAD，2012），而原油期货每日交易量与现货交易量比，从 1995 年的 1.5 倍上升到 2009 年的 12 倍（Falkowski，2011）。到 2011 年，与大宗商品指数相联的基金投资额达到约 4000 亿美元（Institute of International Finance，2011）。20 世纪 90 年代，金融投资者的市场份额只有 25%，而到了 2008 年金融投资者的市场份额已经超过 85%（UNCTAD，2012）。

随着大宗商品金融化的迅速发展，大宗商品市场一些传统的特点也改变了。其中最重要的当属一些相关性关系的变化，包括大宗商品市场与股市的相关性，不同大宗商品之间的相关性，以及大宗商品与汇率的相关性等。

指数基金一般被认为是大宗商品金融化主要力量。这样，当大宗商品金融化被认为是推升大宗商品价格原因时，指数基金就被认为是背后的推动力。Irwin 和 Scott 等（2009）对此进行了反驳。他们指出，噪声交易者（比如前述指数基金）只有在交易不透明，从而市场无法预测他们的市场观点时，才能将价格指数推向偏离基本面（De Long et al.）。但是指数基金的交易非常透明，因此容易预测，也就容易被其他市场参与者套利，从而无法将价格长期偏离基本面。指数基金为了维持仓位，要不断转换仓位（即在期货合约快到期时平仓并买入更长期的合约）。这些交易规则以及各期货品种的权重都是在市场中公开发布而且透明的。这样，如果期货价格由于指数基金买入而偏离基本面，其他交易者如对冲基金等就会有足够信息来进行套利。不过，Mou（2012）发现，由于套利限制的存在，指数基金的仓位转换对期货价格造成冲击，并带来套利机会。

三、大宗商品金融化产生的影响

指数基金的兴起，引发了对大宗商品市场中指数基金所承担角色的辩论（Irwin, Sanders, 2010）。这些辩论的背景就是发生于 2008 年前后的大宗商品期货价格的暴涨暴跌。2003 ~ 2008 年，大宗商品价格普遍大幅上涨。但 2008 年金融危机后，大宗商品价格又普遍迅速暴跌。大宗商品价格的这种巨幅波动引发投资者、政策制定者及学者对大宗商品金融化的关注。

从投资者交易和仓位变化方面来看大宗商品的金融化，其结论比较明确，没什么争议。2000 年前后，大宗商品期货市场投资者的持仓仓位发生了重大变化，2010 年的仓位比 10 年前增加很多（Buyuksahin, Robe, 2012a）。进一步分析，不仅大宗商品市场持仓仓位大幅增加，其中金融投资者的持仓比例也大幅增加了。金融交易者在原油市场的持仓比例从 2000 年的 20% 增加到 2010 年的 40%（Buyuksahin，Robe，2012a）。而这种变化主要来自大宗商品指数基金投资（Irwin，Sanders，2010）和对冲基金（Buyuksahin，Robe，2012b）。

从大宗商品价格变化方面来看金融化，其结论颇具争议。

学术界对金融投资者（投机者）投资大宗商品期货的研究，形成两种截然不同的结论：一种研究认为金融投资者造成了大宗商品的泡沫，使之脱离供求基本面；另一种研究认为大宗商品价格的巨幅波动来自基本供求推动，并非投机推动的泡沫。

其中，认为投机行为造成大宗商品价格波动的多属业界人士。Soros（2008）和 Masters（2008）在国会听证会表示，投机活动是造成大宗商品价格暴涨暴跌的原因。

学术上对大宗商品金融化影响的分析主要沿着两条主线进行：一是投机者净仓位与商品期货价格的关系；二是商品期货与其他金融资产以及不同商品期货品种之间的相关性（Henderson，Pearson，Wang，2012）。一些具体的研究包括：大宗商品价格波动率的上升、不同大宗商品价格相关性的提高、大宗商品与股票价格相关性的提高、大宗商品价格与库存关系、金融投资者对大宗商品期货价格的影响、大宗商品期货价格对现货价格的影响。

关于大宗商品金融化有可能产生的冲击，Fattouh（2012）对原油进行了研究，做出如下结论：影响现货价格、增加价格的波动性、增加了与其他金融资产及其他大宗商品期货的价格共振、影响原油期货收益、打破了库存与价格的关系并鼓励囤积行为。

有观点认为投机行为是造成大宗商品市场波动的根源。持有这种观点的多为索罗斯等业界人士。

Masters（2008）认为，大宗商品价格在 2007～2008 年的价格大幅上涨是由于机构投资者将大宗商品作为一个资产类别来进行投资而造成的。他给出的理由是在大宗商品价格大幅上涨的时期，投资资金也大幅进入了大宗商品市场。

UNCTAD（2012）分析原油价格（WTI 原油）与欧洲及美国股票

市场的走势，将 2002 年及 2012 年的走势进行对比，认定原油价格走势受到金融投资者影响而与股市走势同步。

Singleton（2011）认为，资金流动影响了原油价格。他给出的证据是资金流动在先，原油期货价格上涨在后。对此，Fattouh 等（2013）认为可预测性并不代表因果关系（Causality）。而且 Singleton 没有解释资金流动如何影响随后的原油现货价格上升。而且指数基金投资的增加还可能是对基本经济面的内生性反应，而不是外生性地提高了原油期货价格。他们认为 Singleton（2011）分析的现象更加符合信息处理中的摩擦，也即对冲压力（Hedging Pressure）。

Gilbert（2010）对 9 个大宗商品期货市场进行测试发现，有 7 个市场表现出泡沫行为。但这些泡沫行为的占比很小，在 753 天的样本中只出现 21 天，也即 3%。他进行的格兰杰检验发现指数基金的交易活动与其中三个期货市场（原油、铝和铜）的收益率有关。

Mou（2012）对指数基金在期货到期日前展期（Roll）调仓行为进行研究发现，这种调仓对期货价格产生了压力。他们发现，在指数基金进入滚动调仓阶段时，期货的期限结构会相应发生变化。由于指数基金的调仓是事先公布的、机械性的，基于此就可以设计出具有很高夏普比例的期限套利策略。

Tang 和 Xiong（2012）将研究重点放到了对指数内的大宗商品与指数外的大宗商品价格相关性的测试上。他们认为，金融投资者只投资于大宗商品指数，因此只有指数内的大宗商品才会表现出与其他金融资产更高的相关性以及彼此之间更高的相关性。他们的研究结论认为，指数基金对大宗商品期货价格产生了影响。

在对原油的研究中，Hong 和 Yogo（2012）指出，由于期货市场有限的吸收风险的能力，期货市场仓位比原油价格更能预示未来经济活动和资产价格。

Henderson、Pearson、Wang（2012）选择了一种特定类型的投资基金 CLN（Credit Linked Note）进行分析。他们选择 CLN 是因为 CLN 的对冲行为可以被认为是影响大宗商品期货价格的外生变量。而且他们认为大宗商品价格对信息的反应是极为迅速的，所以要用同期而非滞后的指标进行回归。他们发现 CLN 的对冲行为对相关大宗商品的期货价格产生了很强的影响，从而证明了没有信息含量的投资资金流动也能够影响价格。而且，CLN 对冲行为对商品期货价格的影响与 CLN 的大小有关：CLN 越大，对商品期货价格的影响也就越大。非常小（低于 200 万美元以下）的 CLN 对商品期货价格没有影响。

但是，更多观点认为投机行为不是大宗商品市场波动的根源。持有这种观点的多为学者。

很多经济学家认为投机行为不是造成大宗商品价格波动的原因，而供求基本面才是决定大宗商品价格（包括 2008 年前后的大幅波动）的因素。

Irwin、Sanders、Merrin（2009）对 2006 ~ 2008 年大宗商品市场价格的暴涨暴跌进行研究，认为投资（投机）行为没有造成大宗商品市场价格波动。他们从概念和事实（2006 ~ 2008 年数据）上对此进行了论证。

概念上，他们认为与大宗商品现货市场不同，大宗商品期货市场（也即投资者进行交易的主要市场）的每一份买单都对应着一份卖单，而且在任何一个价格点几乎可以生成无限的买单或卖单合约。这样，资金流就并不一定会影响期货价格，除非其中隐含着关于基本供求的新信息。他们还质疑指数投资者能够同时对商品期货及现货市场价格都产生影响。他们认为，在短期内，由于期货市场流动性高，所以商品价格先由期货市场决定，然后从期货市场传导到现货市场。但是商品的长期均衡价格最终由现货的基本供求决定（这也是为什么大部分期货都有现货交割机制以保证期现货价格收敛）。

事实上，他们分析了 2006 ~ 2008 年的期货交易数据，指出期间大部分商品品种所增加的投机仓位都被增加的对冲仓位抵消（投机交易者与对冲交易者之间的交易是有利于市场的），而且投机交易仓位的增加与历史相比也不算特别大。他们还指出，从价格来看，投机仓位增加最大的商品，其价格反而是下降的或者只是略微增加。另外，不在指数范围内的商品（如大米）的价格也出现了大幅上升。从库存看，如果投机造成价格过高，就会出现高库存，但是期间各商品的库存都在大幅下降。最后，他们质疑期货市场能够产生泡沫，认为期货的交易成本很低，因此任何与基本面脱离的价格表现都会被市场套利行为消除。

Buyuksahin 和 Harris（2008）用 CFTC 的 COT（Commitment of Traders）报告测试了指数基金与原油期货价格的关系，得出结论认为指数基金不影响原油期货价格。Stoll 和 Whaley（2010）则用 VAR 的计量方法测试了指数基金与原油、天然气、玉米、欧元和道琼斯指数期货的关系。他们的格兰杰检验结论是指数基金不能预测期货价格。但是他们发现期货价格的波动可以由指数基金预测。不过，这两篇论文都有可能存在测度错误，因为他们都用掉期做市商仓位来代表指数基金投资。

还有观点认为，投机行为和基本供求都是影响大宗商品市场的因素。这种研究结合了大宗商品价格传统上的价格决定因素以及金融化后的决定因素，因此更为现实并具有更强的说服力。

关于投机者与大宗商品价格的关系，Cheng 和 Xiong（2013）对上述两种截然相反的观点进行评述，认为真实情况应该介于二者之间。他们提议，研究者应该从这两个极端观点中走出来，把注意力集中到测试大宗商品的金融化是否通过影响大宗商品市场的运行机制从而影响了价格。这些运行机制包括仓储、风险分担和信息发现。

Lane（2015）认为，长期看原油价格是由基本供求决定，而决定原油价格的短期因素包括地缘政治、OPEC 和大宗商品金融化等因素，因此难以预测。

还有一些分析认为，金融投资者加大了大宗商品期货的远期溢价。这方面的观点在《金融时报》的一篇报道中被提到（Financial Times, 2016）。该文发现，对原油期货 ETF 的报道及数据显示，原油 ETF（USO）的股票数量与 WTI 原油期货价格期限结构的远期溢价（Contango）高度一致。他们援引大宗商品研究集团（Commodity Research Group）Andy Lebow 的观点，认为投资者对原油 ETF 的投资加大了原油期货价格的远期溢价，并促使俄克拉荷马的库辛（Cushing）建设更多的储油罐，从而大大增加了原油的储存能力。

大宗商品期货价格的另外一个发展就是发展中国家股市相关性的上升。

Tang，Xiong（2012）发现大宗商品与发展中国家股票指数的相关性在上升，从而认为来自发展中国家的需求在决定大宗商品价格中起到越来越大的作用。同时，他们发现，尽管国际上大宗商品价格之间的相关性在上升，中国国内的大宗商品价格之间的相关性在 2006～2008 年却没有上升。他们因此认为，国际市场上大宗商品之间相关性的上升不是由发展中国家供求变化驱动的。

Lane（2015）认为，大宗商品的超级周期是由发展中国家尤其是中国快速工业化带来的需求推动的，因此认为大宗商品市场的"超级周期"已经结束为时过早。

四、大宗商品收益来源及传统定价理论

对大宗商品金融化的进一步理解，必须基于大宗商品定价原理。而进行资产配置也需要该资产具有清晰的收益率来源。只有如此，投资者才能计算出预期收益，从而可以将之放入资产配置框架。将大宗商品作为一个资产类别进行投资，需要解决大宗商品收益率来源问题。对之进行分析，可以分现货与期货。从现货角度，与股票和债券不同，大宗商品并不产生未来预期现金流，因此不能用对未来现金流进行折现的方式进行估值。因此大宗商品缺乏作为一个资产类别的基本特征，即预期收益。实践中，金融投资者通过对大宗商品历史收益率进行计算来解决这个问题。

在自然资源（Natural Resource）的估值领域，投资者会通过期货及对未来现货价格的预期来进行估值。一种方式是在风险中性的框架下，用期货价格来估算未来现金流，然后用无风险利率对未来现金流进行折算来估值。另一种方式则是对未来的商品现货价格进行预测，然后用资金成本对之加以折算来估值。这些估值方法都是针对采掘业

(Extractive Industry)，而非针对特定大宗商品品种。对于大宗商品投资者来说，这种估值体系的假设往往不是很合理。

如果投资者风险中性，大宗商品期货价格应该等同于预期的大宗商品未来现货价格。但是现实中，大宗商品期货价格与预期现货价格有差异，这个差异就是风险溢价。与投资传统金融资产一样，投资大宗商品期货的收益也来自风险溢价。但是大宗商品期货风险溢价的来源要比传统资产广。大宗商品投资者要承担未来现货的价格风险，因此需要得到补偿。Black（1976）认为，期货市场的保险提供者会关心隐含了预期的期货价格，以及对预期的现货价格的偏离。

由于大宗商品市场与其他金融市场的相对分割，大宗商品的风险溢价除了系统性风险外，还包含来自大宗商品自身的风险（Chang，1985；De Roon et al.，2000）。

大宗商品的这种特性与金融资产形成鲜明对比，因为金融资产只有来自系统性风险的风险溢价，而且彼此之间的相关性较高（Tang，Xiong，2012）。

总体来说，大宗商品的风险溢价来自对冲压力、系统性风险以及大宗商品自身的特有风险三个方面。

对商品期货风险溢价来源的研究，最早可以追溯到 Keynes（1930）和 Hicks（1939）的对冲压力（Hedging Pressure）及期货正常折价（Normal Backwardation）理论。

Cheng 和 Xiong（2013）认为，大宗商品市场的几个传统理论（仓储理论、风险分担和信息发现），也即期货市场的交易可以影响大宗商品价格的市场机制，需要在大宗商品金融化的研究中得到更多重视。

（一）仓储理论与便利收益

仓储理论（Theory of Storage）认为持有大宗商品等于持有一个择时期权（Timing Option），也即持有者可以选择现时消费或是等到未来再消费该商品。这个期权提高了持有商品的价值，并形成便利收益

（Convenience Yield）。便利收益的最终来源是仓储的非负限制性条件，因为消费者无法从未来借入商品来满足现实需求（Cheng，Xiong，2013）。

在仓储理论下，期货价格（或者期货与现货价格差）与仓储成本（包括融资成本）有关。这样，名义利率就成为决定期货价格及商品价格波动率的重要因素（Frankel，2006）。

在理性预期的仓储模型下，Routledge、Seppi、Spatt（2000）建立了期货价格与商品库存的正相关性。Gorton、Hayashi、Rouwenhorst（2013）则证实了期货价格与库存的这种正相关性，同时将期货的风险溢价与库存联系在一起，而 Hong 和 Yogo（2012）则认为风险溢价与仓位的增长有关。

（二）对冲压力与正常期货折价

对冲压力（Hedging Pressure）的概念，最早可追溯到 Keynes（1930）和 Hicks（1939）。在现实的研究中，对冲投资者（大宗商品生产者）的净对冲仓位被当作对冲压力的指标。对冲压力属于大宗商品传统理论中的风险分担范畴。

大宗商品期货市场成立的原因之一就是帮助实现更加有效的价格风险共担。集中交易的期货市场为生产者和消费者提供了对冲大宗商品价格风险的平台（Cheng，Xiong，2013）。大宗商品生产者为了转移价格风险而需要在期货市场做空大宗商品。但是期货市场缺乏足够的做多者来做对手方，从而形成对冲压力。这样，为了吸引投机者前来做多，大宗商品的生产者就要提供风险溢价给他们。商业做空者提供的风险溢价使大宗商品期货的期限结构出现正常期货折价（Normal Backwardation）。

风险溢价与对冲压力有关。那么对冲压力的来源是什么？Hirshleifer（1990）从交易成本的角度解释了为什么大宗商品期货市场缺乏足够的做多者。他认为做多的一方是该大宗商品的消费者，因此面临的是众多大宗商品风险。而需要做空的生产者面临的则是单一的商品价格风险。二者相较，消费者面临的交易成本更高。

对冲压力来源于市场分割，以及随之而来的市场摩擦。由于与其他金融市场分割，大宗商品市场存在无效的风险共享（Cheng，Xiong，2013）。

Chang（1985）和 De Roon 等（2000）认为，大宗商品的风险溢价不仅与对冲压力有关，还与系统性风险有关。他们提供了生产者的净对冲仓位与大宗商品期货价格变化的相关性的依据，从而支持了信息摩擦的假设。

（三）大宗商品期货价格周期形成的其他因素

大宗商品期货市场是集成信息的场所，期货价格也就受到各种因素的影响。由于大宗商品现货交易地点分散，而且区域状况差异较大，集中交易的期货市场就成为有关大宗商品基本供求信息的集中地。相应地，决定大宗商品期货价格的因素可以归为几大类：供给冲击、需求冲击和金融市场冲击（Hu，Xiong，2013）。

1. 供给冲击

供给冲击指大宗商品的供给受到外界因素干扰，从而引发供求失衡，造成价格波动，并进一步影响实体经济。Hamilton（1983）指出，"二战"后美国历次经济危机发生之前都出现了供给冲击带来的原油价格大涨。Mork（1989）和 Hamilton（2003）进一步指出原油价格变化与 GDP 增长的不对称性，原油价格上涨为经济带来的负面冲击要超过原油价格下跌带来的正面冲击。Backus 和 Crucini（2000）指出，原油价格的上涨会通过国家间贸易条件而加重国际上的商业周期。Davis 和 Haltiwanger（2001）发现，原油价格上涨会导致美国制造业工作大幅减少，而原油价格下跌并不会以同样的幅度增加就业。

根据以上研究总结出的规律，Hu 和 Xiong（2013）研究如果供给冲击能够推升大宗商品价格，那么就会加大东亚国家进口的成本从而影响其经济发展，也就会引发股市下跌。

2. 需求冲击

同样对原油进行研究，Kilian（2009）用运费来度量全球经济活动，并研究原油生产、全球经济活动及原油价格。他发现需求冲击对原油市场会产生影响。Kilian（2008a）和 Hamilton（2009）认为 2007～2008 年原油价格上升是由于需求的强劲增长以及供给发展的滞后而造成的。

进一步分析需求冲击对股市的影响，Hu 和 Xiong（2013）认为全球性的需求冲击与美国独有的需求冲击效果不一样。如果对原油的需求冲击仅仅来自美国，那么原油期货价格的上涨会提高东亚国家原油进口的成本，从而对东亚股市有负面冲击。但如果全球原油需求上升是由于发展中国家经济迅速增长而导致，那么由此引发的原油期货价格上涨则会与东亚国家股市上涨同步。

3. 金融市场冲击

由于金融投资者大量进入大宗商品期货市场进行投资，金融市场波动会对大宗商品期货价格产生影响。Hu 和 Xiong（2013）认为，其他金融资产（如股票等）的价格上升会使投资者的证券组合升值，加大投资者风险偏好，从而加大对大宗商品期货的需求，推升期货价格。

第四章　企业及家庭的金融化

微观领域的金融化包括企业和家庭的金融化。企业的金融化指企业越来越受资本市场影响，在公司治理上以追求股东权益最大化为目标，在经营上日益以金融工程手段来增进每股盈利，甚至直接涉足金融活动。而家庭的金融化则指随着金融（市场及工具）的发展，家庭财富越来越与金融市场（如共同基金等）相关联，而家庭消费也因信贷可获得性的提高而逐渐由金融市场而非工资收入推动。

一、企业与家庭的金融化

实体企业的金融化一般被认为始于 20 世纪 80 年代美国并购市场的发展。并购市场的发展则缘于 70 年代大型集团公司较差的业绩表现。政策（如对反垄断法的放松）、金融市场（如垃圾债市场）及金融理论（如期权定价理论）的发展对企业的金融化起到了关键的推动作用。

市场方面，20 世纪 80 年代的大型集团公司在估值上普遍存在折价。企业阻击手（Corporate Raider）因此有动力通过公司控制市场（Corporate Control Market）来收购集团公司，然后解散现有管理层，将公司拆解卖掉以从中获利。制度方面，里根政府放松了对反垄断的指引，各州也相应地修改了反垄断法。金融方面，迈克尔·米尔肯一手创办了垃圾债市场，而 Fisher Black 和 Myron Scholes 则发展出了

Black - Scholes 期权定价模型。美国的公司并购市场因此得到迅速发展。这样到了 20 世纪 90 年代，美国财富 500 强公司的 1/3 都已经被收购或合并（Davis et al.，1994）。

　　企业金融化的发展导致了管理层薪酬与企业股价的挂钩，以及高管薪酬的飙升。而这背后也有政府政策的作用。为了限制公司高管的薪酬，克林顿政府对公司税进行了改变，规定管理层薪酬中 100 万美元以上的部分只在与公司盈利挂钩的情况下才能用于抵消公司税。但事实上，这造成与初衷完全相反的结果。在新税法的激励下，在期权定价理论的指引下，大型公司开始授予管理层大量股票期权，这使得公司高管具有强烈动力来以各种方式提升股票价格。管理层的薪酬也因此出现巨幅跳升。公司金融化带来的对股票价格的强调与重视，不仅加大了高管与普通员工收入的差距，而且使得高管薪酬日益脱离产品市场，而与股市表现直接相关（DiPrete et al.，2010）。

　　金融化还改变了公司治理。股东价值最大化到了 2000 年之后已经成为公司治理的核心理念（Lazonick，O'Sullivan，2000）。理论上，主流经济学依据代理理论来分析公司治理，并发展出公司控制市场（Market for Corporate Control）的概念，认为资本市场潜在的并购活动能够约束管理层的行为（Palley，2007）。而有效市场理论则认为股票价格是公司估值的最好手段，公司价值最大化是提升社会福利的最好方式。学术上对股东的重视并非出于道德层面的考虑，而是出于利益平衡的需要：对公司各相关方的利益进行平衡，需要一个单一的价值目标。股票价格因为最有效率就成了这个目标（Davis，Kim，2015），而股东与股东价值也就变得重要起来。股东价值还对整个社会都重要，这是因为当企业的产出带给消费者的价值高于企业所耗投入时，企业的生产活动就带来了社会价值。而企业估值就是它们未来的生产活动带来的社会价值总和（Jensen，2002）。这样，股东价值就不仅对股东有益，而且对整个社会都有益。企业对企业价值的最大化，也就是对社会福利的最大化。为了确保企业价值最大化，有必要将管理层薪酬与股票价格挂钩。股票价格是对管理层业绩的一个连续性测度，将管理层薪酬与公司股票价格挂钩会为管理层提供动力来最大化股东价值（Manne，1965）。制度上，对工会力量的摧毁也促进了管理层与金融市场利益的一致化（Palley，2007）。

到了20世纪90年代末，公司股票已经被公众普遍持有，金融媒体已经无处不在。公司在业绩方面所受压力越来越大，开始设立专门的投资者关系部门，并且在经营上开始主要围绕提升股价进行。高管开始脱离传统的产品市场策略，而是围绕如何向投资者和分析师讲故事而开展策略（Froud et al.，2006）。

股东价值最大化带来的对盈利的追逐，促使了债务融资的更多应用。对管理层来说，债务融资能够为公司带来诸多好处：债务的利息支出受到税法的优待；债务能够降低自由现金流，从而能够对工人及其他利益相关方施压；债务融资增加了杠杆，从而能够提高股东回报（Palley，2007）。金融工程手段开始被大量用来增加每股盈利。从20世纪80年代开始，美国公司就普遍通过债务融资来回购股票，以增加每股盈利。企业在债市上的净融资大幅上升，在股市上的净融资甚至开始变为负值。这样，股票市场已经不再是向企业提供资金的市场，而是变得从企业吸收资金。

股东价值最大化的目标还要求企业追求轻资产、高利润的商业模式。企业的规模变得越小越好。企业开始变得更有动力去实施并购、裁员以及对各种能够取代人力的技术进行投资。企业在这方面的努力又促进了全球化分工的发展。在家电等制造领域，很多跨国公司几乎不再进行任何实际生产活动，而是将之外包给发展中国家。跨国公司对员工数量的要求也因此大为减少。外包商和临时雇工在全球范围内的大量存在使企业生产可以非常灵活。企业不需要大规模的固定资产和人力资本投入就可以迅速扩产及提升市值。

实体企业还开始直接介入金融的商业活动。一些大型零售公司从支付入手，发展出信用卡及消费信贷业务，有的甚至直接设立银行。一些实体企业则大力发展金融租赁等业务，为客户购买设备提供融资。GE（通用电气公司）及GM（通用汽车公司）的金融业务都是公司总体业务极为重要的部分。在金融危机发生时，资本市场将GE作为金融公司来进行估值。

实体企业的现金管理业务越来越复杂，甚至与专业的基金公司趋同。苹果公司就注册了一个基金公司来管理其约 1300 亿美元的资金，规模远超世界最大的对冲基金（Business Insider，2012）。尽管这是苹果公司管理现金的一种操作办法，却揭示了金融危机之后，实业公司普遍持有大量现金并以基金操作的手法进行管理的事实。金融危机后，企业还加大了对金融工程手段的使用，以股票回购等方式来提升每股盈利。而资源类公司在资产负债表的管理方面进行了大量对冲交易，从而在期货市场对大宗商品期货价格产生冲击。企业的金融化不仅存在于成熟发达国家，在中国也广泛存在。全球经济减缓给中国经济增长带来压力，实体领域高收益的机会越来越少，很多企业的活动开始更多涉足金融领域，甚至直接进入股票二级市场及房地产市场进行交易与投资。相较全球范围内金融化的发展，中国企业的金融化发展有过之而无不及。

企业的金融化还促进了家庭金融化的发展。为进一步提高效率，企业开始将养老金体系由最初的企业提供的养老固定收益计划（Defined Benefit Plan）转为养老固定缴款计划（Defined Contribution Plan）。前者由企业对员工的退休养老提供收入的保证，而后者则主要由员工自己负责。由于固定缴款计划主要投资于股票市场，这样到了 2000 年就有超过一半的美国家庭在股票市场拥有了投资，从而形成了家庭的金融化（Davis，2008）。金融工具及金融媒体的广泛出现还影响了人们的思维。金融化强调个人责任的担当、对风险的承担以及对金融管理的计算（Martin，2002）。传统金融理论认为风险与收益是一个硬币的两面，因此人们应该拥抱未来的风险而不是回避。普通美国人开始将不确定性作为承担风险的机会，力图在所有权社会（Ownership Society）中获取成功。不过，尽管社会各阶层都增加了对投资服务的消费，实际上只有最富裕的 20% 的人群通过积极的资产和金融管理而在这个所有权社会中获取了成功（Fligstein，Goldstein，2012）。那些处于收入分配底层的人群则被迫从事一些不稳定的工作。

二、资源类公司杠杆与大宗商品价格波动

Domanski、Kearns、Lombardi、Shin（2015）通过对能源公司的分析，认为资源类公司的财务杠杆带来的对冲行为加大了原油价格的下跌压力。

能源公司的杠杆高，会因原油价格下跌而产生财务压力。能源公司债券的抵押品价值会缩水、公司盈利下降、违约风险上升，融资成本因此上升，而能源公司现金流的下降还增加了流动性风险。

财务压力会使得能源公司调整投资和生产，并加大在期货市场做空的对冲仓位。财务压力会使得公司降低资本投入，但在生产方面会维持甚至增加产出，以维持流动性并支付利息。能源公司还会增加在衍生品市场卖空原油期货或买入原油看跌期权的仓位，来对冲收入的高波动。极端情况下，原油甚至可能出现下倾的供给曲线。他们对CFTC报告的商业卖空仓位进行分析，以证明原油卖空仓位的变化与价格变化的正相关关系。他们发现，2014年7月，商品生产者在原油价格下跌时做出了更多的期货空仓对冲仓位，而这就是高杠杆所起的作用。

他们认为，能源公司在掉期市场也加大了对冲操作。将原油产量与空仓变化进行对比，可以发现自2013年之后尽管原油产量大增，但是原油期货的空仓仓位并没出现相应的大幅增加。而同时期掉期做市商的空仓仓位却几乎翻倍。不过，当原油价格自2014年年中开始下跌时，掉期做市商的掉期空仓仓位也急剧下降。这可能是因为能源ETF投资者因价格下跌而将基金赎回，使得资源公司失去了自然的对手方，从而迫使掉期做市商通过做空来减少风险暴露。

原油库存的增加，说明如下观点：原油价格下降并没有造成减产，反而增加了供给过剩。如图4-1所示。

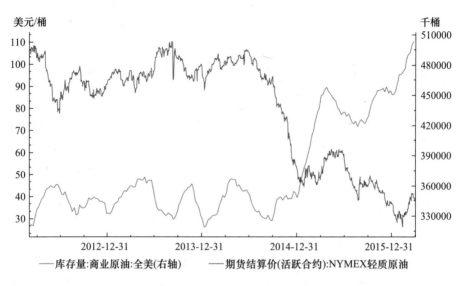

图 4-1 原油（WTI）库存与原油价格

Caruana（2016）认为，发展中国家原油公司和美国页岩油公司的共同点就是对杠杆的高度使用。在宏观层面上，那些借入大量美元债的发展中国家原油和天然气公司向主权国家股东支付了很多股息，从而对国家财政提供直接支持。但是当原油价格下跌时，这些原油和天然气公司收入下降，从而造成国家财政紧缩，降低了经济增长，对宏观经济产生负面影响。而这些原油公司由于使用了高杠杆，所以会被去杠杆而产生的恶性循环所影响。

三、资源类公司杠杆与宏观经济

资源类公司因为对信贷的使用而与宏观经济及宏观经济政策相连。由于页岩油公司通常使用大量杠杆，而且产生负的现金流，因此它们必须依赖持续的信贷来进行投资与生产。Dale（2015）因此将页岩油生产与宏观政策相连接，称页岩油公司为原油市场引进了信用渠道（Credit Channel）。之前的原油市场由大型综合型原油公司主导，因此原油市场与银行系统中很大程度上可以说是隔绝的，但是页岩油公司则改变了这一切。央行的零利率政策使得页岩油公司获得了银行贷款支持，从而得以实现自 2010 年以来的扩张。央行的零利率政策鼓励投资者投向风险更高的资产。但是，当这些页岩油公司的资产负债表因低油价而承压时，那么银行业的贷款意愿就会成为原油生产的一个重要决定因素。金融冲击因此得以影响原油市场。

Domanski、Kearns、Lombardi、Shin（2015）认为，银行和公司债市场对原油公司的债务融资都很重要。银行的风险偏好很弱，在原油价格下跌时，要么增加了对抵押品的要求，要么对页岩油公司的短期信贷进行了限制。而页岩油公司债的投资者风险偏好有限，受到损失时可能会卖出公司债。如果债券投资者整体风险偏好下降，并采取一致行动降低组合的风险，那么原油类公司债的下跌就可能传染到其他公司债市场，从而可能引发债券市场的系统性风险。

原油价格的下跌还可能带来一系列其他影响。油价下跌导致原油公司降低资本投入，这种投资的下降可能会传染到其他对原油有依赖的行业。原油价格下跌会影响一些国家大型国有原油公司的财务状况，从而会对该国政府的财政状况产生压力，对政府支出产生限制。原油价格下跌还可能与汇率产生互动，促使原油输出国的货币贬值。很多发展中国家的原油公司借入了大量美元债，这些公司可能会受到信贷紧缩的负面影响。

这样，原油行业的债务积累就可能引发各市场之间，以及原油与更广泛的经济体之间的连接，从而使得原油价格的下跌影响更广。

第五章　金融化与贫富差距

金融化被认为是造成当今全球范围内贫富差距加大的一个重要原因。2007～2009年金融危机以来，各国央行极度宽松的货币政策促生了资产价格的大幅上涨。但实体经济复苏及劳动收入增长却非常疲弱。全球范围内的贫富差距因此进一步加大。这种发展背后的一个主要因素就是金融化。那些具有额外资产来进行投资的人从资产价格上涨中获益，而那些无法进入市场的人的收入却在降低，从而造成整个社会财富的进一步分化（Fligstein，Goldstein，2014）。

van der Zwan（2014）认为，金融的崛起加大了贫富差距，这是因为金融投资的回报没有被投入到企业的生产活动中，从而导致实际工资增长的停滞以及工人债务的增加。为了维持消费，个人储蓄下降，个人负债增多，从而使美国从一个净储蓄国变成净债务国（Carruthers，Ariovich，2010）。

金融行业收入的上升加大了贫富差距。在1980年之前，美国金融行业的人均收入与他们在GDP中所占比例一致。但是自1980年之后，金融行业的收入水平大幅上升。到了2000年，金融行业收入水平已经比全国平均水平高出60%（Tomaskovie-Devey，Lin，2011）。美国高收入阶层越来越多地由投资银行家和投资经理构成（Kaplan，Rauh，2010）。

金融投资的回报加大了贫富差距。股市与房地产市场的资产泡沫对财富最高的1%的人群的财富积累起到重要作用（Volscho，Kelly，2012）。从20世纪80年代开始，美国经济主要以利润的方式向金融行业转移了5.8万亿～6.6万亿美元（以2011年美元为标准）的财富，而金融行业增加的租金又主要集中于那些从事管理和职业工作的男性（Tomaskovic – Devey，Lin，2011）。

实体企业的金融化也加大了贫富差距。非金融企业降低了实业投资，而加大了金融投资，并且将金融投资的获利再次投入其他金融资产（Stockhammer，2004）。这样，非金融企业的增长、就业及实际工资增长就开始变缓，进一步加大了收入差距（Crotty，2003）。企业对股东价值最大化的追求还导致对人工成本的压缩，而且导致养老固定收益计划的减少。这样，公司高管的收入日益增加，而普通员工的收入日益下降，美国社会的收入差距大幅上升（Lin、Tomaskovic – Devey，2013）。

政府的金融化加大了贫富差距。Davis 和 Kim（2015）认为美国司法体系的金融化导致货币处罚的大幅增加，而且以对犯人处以罚款的方式来弥补执法中的支出。法律上债务导致犯人出狱后很难走出贫困。Zalewski 和 Whalen（2010）发现 IMF 的金融化指数与收入不公的相关性尽管较弱，却越来越高。

当前的民粹主义及民族主义的兴起往往被归于经济上贫富差距的加大，而这也在很大程度上归于金融化的发展。金融危机后，对货币政策的过度依赖促生了资产价格的大幅上涨，而实体经济的工资收入则上涨缓慢。全球范围内的贫富差距因此加大，从而引发了民粹主义以及反精英运动的兴起。这已经在 2016 年英国脱欧公投、意大利修宪公投以及美国大选中有所体现。

第二篇　金融化现实

第六章　全球经济发展模式

金融与经济的关系，一方面表现为金融能够调配经济资源以促进经济增长；另一方面则表现为金融自身的不稳定性会产生波动，并在实体经济中积累系统性风险，带来或加大实体经济的波动。这种理论关系，在全球经济中就体现为以美元及美元为主的全球金融制度安排对全球分工及全球经济周期的影响。

这样，对全球范围内的金融与经济波动进行分析，就要以全球金融制度的安排以及全球生产的分工为核心来开展。金融制度安排方面最主要的就是美元（见图 6 - 1）。这是因为美元是全球储备货币及全球贸易的主要计价货币。

历史上全球的经济周期在本质上都是投资周期带来的供求失衡。金融起到调动储蓄并在全球范围内进行资源配置的作用。金融还会因为杠杆作用而带来或加大全球经济波动。美元是全球金融体系的核心，美联储的货币政策决定了全球资金流动及杠杆的积累。

在一体化的全球分工中，美国通过加杠杆为其他国家创造需求，并以美元及美元资产为媒介来主导全球分工。全球因此形成一个以美元来协调的，包括原材料供给、生产制造及终端需求的完整生产链。正是由于美国通过经常项目逆差向全球提供了需求，全球经济增长才获得了动力（Schwartz, 2010）。这样，各国在大部分时间都存在一种互利共惠的关系。比如当欧洲和日本等国由于财政紧缩等原因而出现内需下降时，美国提供的外需能够帮助这些国家走出衰退与危机。

2007～2009 年的大衰退以及随后的弱复苏，则揭示了这种以美国为主导的全球经济发展模式的失衡及不可持续性。美国之所以能够持

（十亿美元）

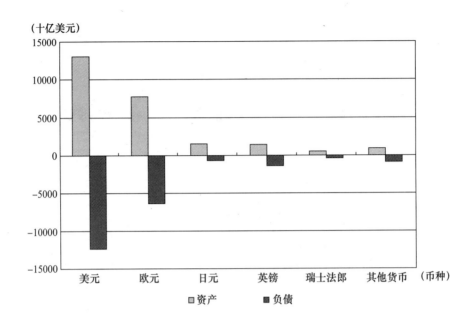

图 6 - 1　国际银行体系按币种划分的资产负债

资料来源：BIS Locational Banking Statistics。

续维持逆差则来源于其能够不断生成高流动性的美元资产。但是，杠杆长期积累的结果就是，在这次大衰退发生后，美国已经无法通过加杠杆而再次带动全球经济。

一、工业化与经济增长

在工业革命之前，全球都处于所谓马尔萨斯经济（Malthus Economy）的状态，人口和人均财富在数千年间基本没有任何增长。到了17 世纪工业革命前后，全球人口和人均财富则开始以近乎 90 度角的速度上涨。

现代意义上的经济增长（包括经济学）是最近两三百年才出现的新现象，而高速经济增长更是与工业化有关。东南亚及中国等发展中国家的工业化与高速经济增长就符合这个事实规律。它们的高速增长阶段都是工业革命带来的全球化（Globalization）及全球分工的结果。

工业革命带来了迅速的经济增长。为了寻求成本更低的土地等生产要素，西方工业国家在全球范围内进行生产分工，从而推动了全球的经济增长。这种分工与要素的稀缺性有关。第一次全球分工围绕着当时的稀缺资源土地展开，以建立殖民地的形式进行。第二次全球分工则围绕稀缺的劳动力展开，以 FDI 及生产外包的形式进行。发达国家的跨国公司将价值链分拆外包，以在全球范围内寻求廉价劳动力。两次全球分工都由跨国公司执行，并得到政府的支持与引导。

这种由跨国公司主导的全球分工是全球化的核心，对一些发展中国家的经济发展起到巨大的推动作用。正如现代化理论（Modernization Theory）所说，一个还没有达到现代化的传统国家在外界的帮助下，能够实现向现代化的转型。

二、第一次全球分工

工业革命后的第一次全球分工是围绕农业而展开的对土地资源的寻求，表现为欧洲在全球范围内建立殖民地。第一次世界大战之前的大部分工业化生产活动都是对农产品加工，因此工业革命带来的爆炸式增长就意味着对农产品的需求增加。根据 Schwartz（2010），1759年的英国每年消耗 1000 吨棉花，可以为每个英国人生产一件衬衫。而到了 1787 年，英国每年的棉花消耗量就达到了 1 万吨。而自从机械化生产后，英国对羊毛的需求就从 1820 年的 4400 吨增长到了 1923年的 214000 吨。对农产品的需求，推升了土地价格。迫使英国等欧洲国家在全球范围内寻找更为廉价的土地，从而开始了对美洲、澳洲及非洲等地的大规模殖民开发。

这次分工对殖民地国家经济增长的贡献有很大差别（Easterly, Levine，2015）。澳大利亚、加拿大和美国等殖民地国家从中受益，经济获得长久增长，如今的人均 GDP 已经达到每天 140 美元。而刚果、几内亚—比绍、马拉维和坦桑尼亚等国则没有从欧洲殖民活动中获取好处，经济增长在过去几百年内停滞不前。学术研究一般将原殖民地国家之间的这种增长差异归于人力资本（Glaeser, La Porta, Lopez - de - Silanes, Shleifer, 2004）与制度（Acemoglu, Johnson, Robinson, 2003）。实证分析方面，往往以这些殖民地国家当时欧洲人口占总人口比例来作为人力资本或制度的量化指标，并以此来证明两者与殖民地经济增长的关系。

这种全球分工由荷兰东印度公司等当时的跨国公司（Transnationals）来具体执行。它们在国际间转移资本，从而获取大宗商品和农产品等自然资源。这些跨国公司依托政治和军事优势，以暴力为主要生产方式在其殖民地体系内进行活动（Schwartz, 2010）。跨国公司因为得到殖民地政府的支持，因此攫取了资源开采的全部经济租金（Economic Rent）。

金融与工业革命及随后的全球分工息息相关。Hicks（1969）认为，工业革命之所以在英国发生，就是因为英国在当时具有发达的金融体系。他的依据是，很多发明其实早就已经发展出来。只是流动性高的金融市场在后来才开始出现，使长期投资能够得以实现，从而能够将这些发明应用到实际中。与英国类似，荷兰和美国也是在金融市场发展后，才分别在 17 世纪和 20 世纪获得国际经济和政治地位的提升。

三、第二次全球分工

全球化的再次发展，是跨国公司为了抢占市场份额以及利用一些国家的廉价劳动力而进行的全球扩张。这在初期主要体现为美国制造业在全球的扩张。随后，欧洲和日本的跨国公司追赶上来，并开始侵占美国市场，最终与美国的跨国公司一起向全球扩张。

跨国公司全球扩张的全球分工部分，则是为获取廉价劳动力而将价值链中的制造环节向发展中国家外包。

与殖民时期对大宗商品经济租金的攫取不同,"二战"后跨国公司寻求的是垄断租金、技术租金以及廉价劳动力。就像克鲁格曼的经济地理模型所揭示的,当劳动力成本高于运输成本时,跨国公司就有动力将生产活动转移到工资低的区域。随着20世纪运输和通信成本的不断降低,跨国公司将其生产活动在全球范围按照技能和工资水平的高低进行阶梯式分布。

从投资方面看,"二战"后跨国公司扩张的目的主要是追求垄断及市场份额,因此FDI主要流向了发达国家。投向发展中国家的FDI在全球金融危机之后开始上升,但直到2014年依然仅占全部FDI的35%。而跨国公司投资的行业也从之前的原材料采掘转向制造业。根据UNCTAD(2015),2012年的存量FDI中,63%是投向服务业,26%投向制造业,而原材料投资仅占7%(见图6-2)。

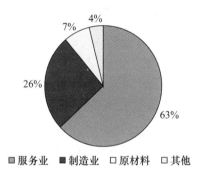

图6-2 全球内向(inward)FDI存量(2012)

资料来源:UNCTAD。

跨国公司向发展中国家扩张,主要是为了寻求更为廉价的劳动力。"二战"后美国跨国公司向日本的扩张就是一个例子。事实上,大部分的跨国公司主要还是扎根于本国,依靠本国的金融和劳动力市场来发展,而它们的国际扩张也主要限于邻国。美国的制造业则通过向东南亚及中国投资而做到了真正意义上的全球性扩张。发展中国家也因此主动推动工业化发展,将大量廉价农村劳动力向制造业转移。

第一次全球分工以发达国家制造业的增长为核心来推动。第二次全球分工则围绕服务业的增长,由美国来组织全球相关的制造业需求。美国在服务业最重要的几个行业如远程通信、运输、发电和零售渠道等都占有明显的劳动生产率优势。这几个行业在 20 世纪 90 年代和 21 世纪由于微电子技术革命而取得了快速增长,并推动了美国劳动生产率相对高速的增长。1994 ~ 2004 年,美国的全要素生产率平均每年提高 1.3%,德国和意大利的劳动生产率却在同期每年下降 0.6%,而法国基本没有什么提高。在美国的全要素生产率的提高中,服务业贡献了 75%,其中又以多要素劳动生产率也即组织结构变化带来的劳动生产率的提高为主(Schwartz,2010)。

美国在劳动生产率方面的优势使美国的服务业能够走向全球化。在与其他国家的竞争中,美国不断被模仿追赶,但总是能够发现新的增长领域。

美国早期在制造业方面占有优势,并因此向欧洲和日本扩张。而当生产流水线技术被日本赶超后,美国又在 20 世纪 80 年代和 90 年代发展出高科技领域的优势,不仅带来了信息及通信技术革命这种硬创新(Hard Innovation),还带来了生产过程的软创新(Soft Innovation)。

美国的创新机制保证了美国始终能够突破新的领域并占据竞争优势。20 世纪 70 年代美国在信息技术领域占据绝对优势,但在 80 年代被日本通过模仿而赶超,但美国随后重获竞争优势,这缘于美日两国创新机制的不同。日本能够以相互协作的大规模研发来模仿,但没有动力去协作创新。而美国在创新的基础设施和制度上都有优势。基础研发方面,美国往往会将研究机构、研发园区以及公司等组织在一起,从而形成研发优势。制度方面,美国对服务业管制的放松促进了定制化服务的发展。日本在标准化的技术领域可以通过模仿而实现迅速赶超,但是在变化快、创新强、设计要求高以及对市场反应快的定制领域则无法赶超。

四、全球价值链分工

全球价值链分工是全球分工的高级阶段，是在技术进步的推动下，将一个产品的整个价值创造过程进行分解并在全球范围进行的分工。全球价值链分工为很多发展中国家带来了制造业繁荣及经济的高速增长。

全球价值链（Global Value Chain，GVC）分工的思想最早是20 世纪 70 年代的商品链概念。商品链在 90 年代中期又被演化为全球商品链，以描述服装行业从原材料到产成品的全球化链条。全球商品链在 21 世纪初则被演化为全球价值链，以强调各环节的增加值。

全球价值链分工由大型跨国公司主导。20 世纪 60 年代以来，技术进步、监管方式及国际多边组织（WTO 等）的发展降低了贸易成本，推动了商品以及人员、资本和技术等生产要素的跨国流动，从而推动了经济的全球化。全球化导致竞争加剧，迫使市场参与各方都要接受全球性的价格下行压力（Schwartz，2010）。跨国公司被迫将价值链中附加值最低的制造环节外包，以降低成本。跨国公司主导了如今80% 的全球贸易，并以此主导全球价值链分工。

全球价值链分工对发展中国家的经济发展至关重要。发展中国家一般以简单的加工组装切入全球生产体系，然后发展技术密集型产业和资本密集型产业，以工业化为动力带动经济增长。

2008 年的金融危机促使人们再次关注全球价值链分工，试图以此寻找危机在全球传染的路径，并寻求全球经济的再平衡。

五、全球经济的核心国—边缘国发展模式

在经济地理及政治经济学领域核心国—边缘国框架下，全球经济被认为是一个在全球价值链分工下，美国作为核心国来拉动全球经济的模式。

熊彼特认为创造性毁灭会产生出新的领先行业。而这些领先行业则会催生出规模大且有活力的新的经济体。这个新的经济体就会成为核心国，吸引边缘国向之聚拢并重新组织自身的生产活动。这样，边缘国经济就是与核心国经济整合，并由核心国提供外需的发展模式。

实践中，这种核心国—边缘国的全球经济发展模式自工业革命以来就一直进行着。核心国首先发展出一些占据优势的前沿领先行业，然后以此拉动全球经济。19世纪的核心国是英国，其发展出的领先行业是制造业。"二战"后，这个核心国就变成了美国，其领先行业是服务业。美国尽管受到日本和欧洲的赶超，但始终凭借技术和创新优势而发展出新的领先领域，并保持了经济、金融及政治军事上的核心国地位。

Schwartz（2010）认为美国之所以在"二战"后能够占据主导地位，是因为美国的生产能力、巨大的市场、对原油供给的控制、作为最后贷款人的能力以及军事实力。美国还通过全球化的政策及制度安排稳固了其核心国地位。全球治理的制度安排既是全球经济体内生演化的结果，但往往也是核心国对边缘国乃至全球格局施加影响的方法与途径。"二战"之后，美国影响了各种制度的设立和演变，从而影响了全球经济发展及其他国家的政治经济格局。

美国利用自身的核心国地位以及提供美元资产的能力，通过推行自由化、市场化及服务业开放，而系统地改变了其他国家的政治经济。美国在欧洲和日本致力于推动服务业开放，并降低这些行业所提供的社会保障。美国还利用每次发展中国家发生的金融危机来推行自

由化与市场化等原则。

美国之所以能够向其他国家推行这些原则，是因为其他国家需要美国提供的额外需求。全球价值链分工构建了新的全球经济增长模式：美国提供终端需求，资源国提供原材料，中国等发展中国家提供加工制造。Dooley、Folkerts - Landau、Garber（2003）将美国的经常项目逆差当作世界其他国家经济增长的发动机。而美元作为国际货币的地位则使美国能够持续保持贸易逆差来拉动其他国家的出口增长。美国的最终需求在 20 世纪 70 年代之后因需求不足带来的全球经济周期更加频繁发生时显得更加重要。

20 世纪 70 年代开始，美国开始了自由化运动，国际资本流动的限制被消除，GATT 也被扩张为 WTO。这种变化打破了布雷顿森林体系下全球供求平衡的制度基础。发达国家工资的增长与劳动生产率的增长开始脱钩，并导致由需求不足引发的全球经济震荡和金融危机。美国作为核心国对全球分工的影响以及美元的国际地位，决定了历史上全球经济危机的解决均以美国及美元资金来主导。

而欧洲与日本内需的不足，则加大了美国作为全球经济的最后需求者的地位。

欧洲内需不足主要是因为欧洲各国普遍采纳了德国式的限制工资增长的政策措施。欧洲为了免受全球资本主义生产体系周期波动的影响，而试图成立一个区域性货币体系，以此与美元抗衡、为欧洲的跨国公司区域内市场提供方便并通过税收和转移支付等来提供社会保障。德国经济的重要性决定了马克成为该区域性货币体系的锚，德国的货币政策也因此成为欧洲货币政策的基准。德国具有制造业优势，而且对通胀非常戒备，因此就以限制工资的方式来促进出口并抑制通胀。欧洲其他国家出于竞争而被迫也采取限制工资的政策，从而影响了收入增长，导致由需求增长不足带来的经济增长减缓。欧洲的企业尽管获取了高利润，却将利润投向了高增长的海外市场。企业投资的缺乏则进一步降低了经济的增长，提高了失业率，并增加了对外需也即美国需求的依赖。

日本内需不足则是因为日本的生产效率低。日本对美国需求的依赖并没有因为广场协议后日元的升值而改变，反而在 20 世纪 90 年代经济衰退后变得更严重。低的生产效率是日本经济始终没有转型为内需拉动模式的原因。日本各个行业的劳动生产率均低于美国（90 年代仅达到美国的 31% 左右），因此无法开放国内市场。日本如果对新兴工业国开放市场，就会面临中小企业的大量失业问题；如果开放农产品市场，土地价格就会下跌，从而会导致投资下降（日本有 40% 的借贷都以房地产为担保）。

这样，美国就成为全球供求失衡时的最后需求方。自 1971 年以来，全球性的经济/金融危机共发生了四次，每次都以美元加杠杆创造需求的办法来化解。

20 世纪 70 年代的石油危机对发达国家造成冲击，降低了发达国家需求，造成经济衰退。而石油输出国则积累了大量美元，并将这些美元存入美国的商业银行，被称为石油美元（Petro Dollars）。由于发达国家经济衰退，美国的商业银行就将这些石油美元大量投入巴西、阿根廷及墨西哥等拉美国家，以资助它们以进口替代为战略的工业化发展。这一次发达国家的危机是由美国商业银行为拉美国家工业发展提供美元杠杆而解决。

随后，拉美国家发展遇到问题，需求不足的周期再次出现，造成 20 世纪 80 年代拉美债务危机。当时的日本将贸易顺差带来的大量美元再投资于美元资产，称为丰田美元（Toyota Dollars）。美国政府则利用丰田美元以扩张赤字、加杠杆的方式创造需求，解决了拉美债务危机的供求失衡问题。

而 20 世纪 80 年代末和 90 年代初的美国债务危机造成美元贬值，促使发达国家开始向东南亚国家投资。这些投资形成的产能，最终又造成全球供求失衡，压低了商品价格，酿成 1997～1998 年的亚洲金融危机。美国则以房地产市场加杠杆的发展带来新增需求，再次平衡全球供求。这一次的美元则来自中国和石油输出国等贸易顺差国的美元回流。这些美元通过购买美国房屋抵押贷款和美国国债，提供了直接的资金支持，还通过压低利率而间接刺激了需求。

随之而来的是 2007 年美国房地产市场泡沫的破裂。这再次降低了全球需求,并且通过损失传染而形成了全球金融危机。

这四次危机,边缘国总是早于美国而达到债务不可维持,而每次危机总是以美元加杠杆的方式获得解决。不过,2007~2008年的金融危机一定程度上削弱了美元作为储备货币的地位,并因此对美国再次创造需求的能力产生怀疑。而危机之后全球经济长时间复苏乏力,似乎也证明了增加美元杠杆的解决方法失灵。

最近这次危机中,全球经济体系核心的需求和金融都出现了失衡,全球有效需求不足。当供求失衡时,负债方(美国)就没有足够收入以吸收产出的方式来支持债权方(中国)的资产,从而造成金融资产价格的下跌(Schwartz,2010)。

这实际上就是美元的全球套利模式出现了问题。这种套利,就是美国以低利率向全球借入短期债务,再向全球做长期投资,二者的利差就是套利收益。在这点上,美国与19世纪的英国相似。Despres(1966)认为美国实际上执行了银行的功能,成为全球的金融中介。由于没有一个全球中央银行来避免这个"银行"遭受挤兑,亚洲和石油输出国就要主动配合,将贸易顺差赚取的美元回流至低收益的美国短期债务市场。而这种做法也符合顺差国的利益。Dooley等(2003)认为中国和日本购买美国国债是为了防止本国货币对美元升值,从而能够以稳定的货币来促进出口及经济增长。石油输出国则是为了寻求美国的军事保护,同时为美国消费原油提供资助,而美国在海外进行投资则大部分都以直接投资(FDI)或证券类股票投资的方式进行。

美国的全球套利则产生了额外的需求,实际上有助于降低全球产能过剩。而金融自由化的发展则使得美国能够产生出更多高流动性资产向全球出售,以维持该体系。

美国的金融市场以资本市场(Market)为主,而不是像欧洲和日本那样以银行为主。美国市场中高流动性金融资产占比,也就比欧洲和日本高出很多。2006年,大约50%的欧洲资产、32%的日本资产都是银行贷款,而美国只有18%的资产为银行贷款。美国的银行能够将房屋贷款、汽车贷款和个人贷款等以资产证券化方式转为高流动性的有价证券。同年,美国的高流动性资产(包括股票)与GDP之比达到 3.5，高于日本的 3.1 以及欧洲的 2.5（Schwartz，2010）。通过出售这些高流动性资产，美国的房地产业获取了资金支持，并推动了经济的增长，从而消化了欧洲和亚洲的过剩产能。

内需不足的欧洲和亚洲国家因此与美国捆绑在一起，而美国则通过出售美元资产的方式来维系全球套利创造需求的模式。

六、中国经济的发展模式

中国的经济增长在 2007～2009 年全球金融危机之前一直都以出口与投资为驱动。根据欧盟的全球投入产出数据，各国制造业生产主要是为了满足国内的消费与投资，尤其是国内消费。而中国制造业产成品的去向则主要是国内投资和出口，然后才是国内消费。因为中国的投资是围绕出口而建造的产能，这实际上就是制造业的自我强化。

2007～2009 年的全球金融危机进一步揭示了中国经济对美国经济增长的依赖（Schwartz，2010）。如果没有美国的刺激，德国、日本和中国的经济增长将遇到困难。

事实上，在 2009 年第二季度，中国经济就迅速从危机前两位数的增长下降至 6.2%。尽管"四万亿"刺激计划带来了经济的短暂回升，但由于发达国家经济复苏乏力，中国经济增速从 2011 年第二季度就开始一路下滑，直至 2015 年第四季度的 6.7%。

中国的经济发展一直与跨国公司紧密相关。改革开放之初，来中国投资的主要是日本的跨国公司。这个阶段主要发展了简单的来料加工，以满足中国国内市场的需求。广场协议后日元升值，日本跨国公司为重获竞争力加大了对中国的投资。欧美跨国公司也开始投资中国。中国在 2001 年加入 WTO 后，与全球分工做了进一步整合，开始加速在制造业及基础设施上的投资。

全球分工最终使中国经济走向对出口和投资的依赖（见图 6-3）。包括房地产在内的各种重要行业的发展最终源头几乎都指向外需：为了出口满足国外需求，中国要不断加强制造能力，从而不断投资；这就推动了工业化及城市化的发展；城市化则拉动了房地产市场。在 Kendall（2007）看来，城市化伴随着现代化与迅速的工业化而产生，是结果而不是原因。

根据 Guo 和 N'Diaye（2011），2001～2008 年，净出口及投资（主要是可贸易行业的投资）对中国 GDP 增长的贡献，从 20 世纪 90 年代的 40% 上升到了 60%。而此期间，G7、欧元区和亚洲其他国家的出口及投资对 GDP 增长的贡献则分别达 16%、30% 和 35%。中国的出口对产出增长的贡献则从 20 世纪 90 年代的 15% 上升到 2001～2008 年的 30%（Guo，N'Diaye，2011）。这方面的研究对出口的定义包括直接出口增加值以及通过消费和投资的间接出口增加值，学者们估算的中国出口对 GDP 增长的贡献最高达 45%（见图 6-3）。

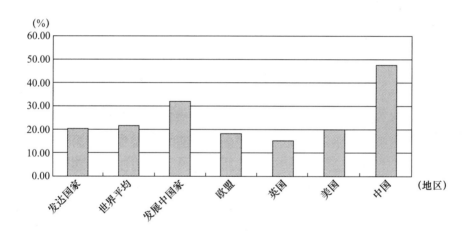

图 6-3 投资占 GDP 比重（2014）

资料来源：IMF，economywatch.com。

自中国 2001 年加入 WTO 之后，全球贸易就开始了新一轮高速增长（见图 6-4）。从某种意义上说，全球价值链分工为中国带来了一种类型的资源诅咒（Resource Curse）。资源诅咒通常指资源国由于过度依赖资源收入，而产生了对长期增长的抑制。中国以成本优势参与全球制造业分工后，围绕制造业产能进行了大量投入，消耗了资源、污染了环境，还加强了对外需的依赖、限制了内生性经济增长模式的建立，形成另外一种类型的资源诅咒。

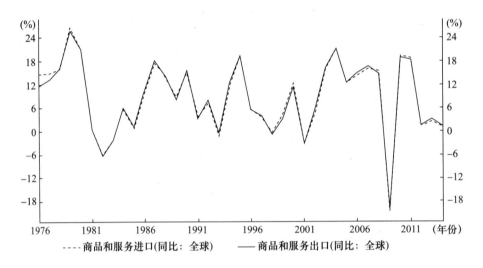

图 6 - 4　商品与服务出口

资料来源：Wind 资讯。

　　而中国制造的传统成本优势正在逐渐消失。中国制造面临劳动保护加强带来的成本上升、人口老龄化及汇率升值等各种困难（见图 6 - 5）。Boston Consulting group（2014）估计，中国相对美国的制造业成本优势已经降低到 5% 以下。

　　中国制造已经进入困局，而且很难推出有效的政策应对。大规模需求刺激被证明无效，其结果只是加大产能过剩。

　　中国必须改变原有发展模式，避免中等收入陷阱。但是过去 100 年来，仅有 5 个国家成功转型。中国面临巨大挑战。中国的人均 GDP 依然很低，但人口却在迅速老化，带来"未富先老"的问题。中国在政策制定上还要平衡国内与国际的考量。中国巨大的经济体量带来了无法避免的国际责任（如人民币加入 SDR）。但在国内政策制定方面则要考虑到中国依然处于发展中国家的事实。在汇率政策上，因为中国是发展中国家，政策上似乎应该以人民币贬值来促进出口。但作为

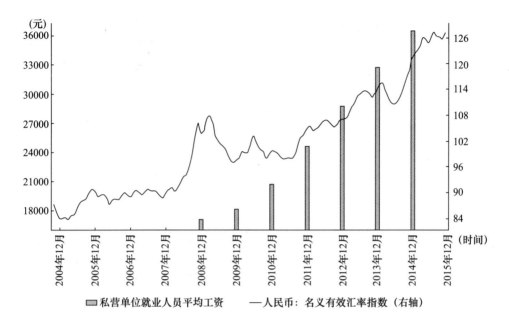

图 6 - 5　私营单位人员工资与人民币汇率

资料来源：Wind 资讯。

一个大国，中国在汇率方面的大幅调整将引起全球金融市场动荡及不稳定。中国的汇率政策因此需要在国内与国外之间进行权衡 El - Erian（2016）。

七、杠杆周期、投资周期与经济周期的联动

　　实体经济的投资周期会造成经济的波动。金融促成了实体经济的投资，但又通过杠杆效应造成或加大了经济周期的波动。

　　全球经济在工业革命后由于国际分工而被整合成一个完整的生产链，从而形成一个经济整体。这个经济体在多数情况下遵循着资本主义经济固有的规律，最重要的就是有效需求不足带来的经济周期，这种供求失衡的背后是投资周期，投资的背后是债务。杠杆周期、投资

周期与实体经济的周期因此联动起来。

（一）新兴农业国的投资周期

第一次全球分工时新兴农业国的农业生产，是以欧洲国家信贷为支持所做的开发。根据 Schwartz（2010），欧洲在海外的投资在 1913 年达到了 75 亿英镑，相当于 2007 年的 7600 亿美元。而当时全球实体经济的体量只有今天的 10%。1873～1914 年，英国的海外投资平均每年达到 GDP 的 5%。到了 1913 年，英国投资者在海外的投资已经达到了本国投资的一半。对比来看，美国在海外投资的顶峰时也很少超过 GDP 的 1%。日本在海外投资最高的 1987 年占比也不到 GDP 的 1%。当时的殖民地澳大利亚、阿根廷和加拿大等国有 30%～50% 的投资资金来自海外市场。

欧洲尤其是英国的投资者之所以热衷于海外投资，是出于对未来投资回报的高预期。发展中国家的资本存量低，资本的边际回报率高，从而会吸引投资（Borio，Disyatat，2015）。

欧洲当时的工业企业主要以加工农产品来获取利润。随着工业发展越来越快，欧洲的土地变得昂贵，降低了农业生产的效率。为降低成本，提高利润，欧洲的工业企业开始将一部分利润投入新兴农业国。19 世纪 20 年代和 30 年代的投资投向了阿根廷和美国南部的棉花产地。60 年代和 70 年代的投资在美国和加拿大修建了洲际铁路。之后的投资则于 70 年代、80 年代早期和 80 年代晚期分别投向新西兰、澳大利亚、阿根廷和南非。

欧洲国家在 19 世纪的海外投资多以证券投资（Portfolio Management）而非 FDI 的方式进行。投资方向则集中于基础设施和殖民地政府债券（见图 6-6）。当时的银行也没有使用自有资金进行投资，而仅仅是以中介身份来撮合投资者与项目。

这些投资行为就引发了当时的经济周期波动。

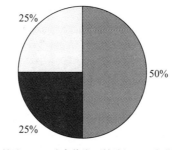

图 6 - 6　英国在殖民地的投资分布

资料来源：Wind资讯。

当时对铁路和农场的投资，都属于建设周期长而投资回报晚的项目。这种长周期投资容易形成对未来价格和利润的误判，从而产生投资/供给周期。

农产品的生产在当时落后于制造业增速，所以价格和利润较高。殖民地国家的农业生产者因此有很高的利润预期，愿意支付高的利息，而欧洲国家也愿意提供更多的贷款，信用因此得以扩张。但是农产品的进入门槛低，各殖民地会竞相投资，而不会考虑与制造业产能的匹配。这种投资行为容易导致供给过剩，对价格和利润产生负面冲击。需求方面，恩格尔定律决定了农产品的消费比例会随着收入上升而下降。这就形成了农产品的投资/供给周期：当对一种农产品的需求上升时，各殖民地国家纷纷借钱投资，供给开始加大，随后市场饱和、价格下跌。但是因为恩格尔定律，价格下跌并无法刺激需求，最终导致殖民地农场主因流动性问题而破产。

铁路等基础设施的投资会产生类似的供给周期问题。因为建设周期长，基础设施投资并不能立即产生现金流，需要不断向国际市场贷款来支付利息，从而会积累越来越多的债务。在投资者难以区分债务的流动性问题与偿付能力问题时，就容易产生 Geanakoplos（2009）的杠杆周期问题：一旦负面消息出现，银行会终止对所有借款人发放贷款，从而带来杠杆周期的正向反馈过程。19 世纪 90 年代的债务危机就是这样发生的。1889 年，作为承销商的 Baring 因没有找到投资者而自己持有了一批阿根廷债。阿根廷政府在 1890 年的违约则造成了 Baring 的破产。随后的 5 年，海外资本市场停止了向阿根廷的投资。英国对海外的投资从 1890 年高峰的每年 1 亿英镑下降到 1898 年的 2300 万英镑。这就形成了杠杆周期的价格—杠杆循环，造成 19 世纪 90 年代的债务危机。期间利率上升、资本外流的恶性循环终止了新兴农业国增长的良性循环（Schwartz，2010）。那些无法通过违约来解决问题的新兴农业国则陷入了经济萧条。

这种投资周期体现的就是典型的合成谬误（Fallacy of Composition）的行为。当投资于一种同质化商品时，投资者的个体理性行为，形成了整体的不理性，从而产生供给周期，最终造成供给过剩。这种行为具有普遍性，在不同时期、不同领域不断重复。金融机构在应对危机时的风险管理行为，就会因为这种个体理性的行为而形成系统性风险，而这也是需要宏观审慎监管的理论基础之一。

19 世纪的债务危机后，农业开始从大规模粗放生产（比如羊毛生产）转向小规模精做的谷物、奶制品和肉类生产。但这些生产产能的建设同样由大量外债推动，并重复了之前的债务与投资周期。1914 年"一战"爆发带来的需求更是刺激了农业产能的投入，从而加大了供给周期。"一战"结束后，欧洲各国为了还债而开始以贸易竞争来赚取美元或英镑，并且保护国内市场，进行本地化的食品生产。新兴农业国积累的巨大产能就因为难以向欧洲国家出口而出现过剩。20 世纪 20 年代和 30 年代，肉类和奶制品市场都达到饱和。1923 ~ 1929 年，在大萧条尚未来临时，原材料价格平均就已经下降了 30%。

"一战"后，欧洲国家的相对地位发生了变化，英国的地位大大削弱，而美国的地位则大大上升。英国成为对美国的净债务国，降低了海外投资，并以变卖海外资产的方式来进口，贸易赤字较战前扩大了一倍。美国在原材料上能够自给自足，而在制造业上则拥有生产流水线等巨大的技术优势。欧洲国家的产品在美国没有竞争力，很难向美国出口来还债。这样，19 世纪资本流动和货物流动之间的平衡被打破了，债务问题已经无法通过出口来解决。

欧洲的债务问题最终以美国作为最后贷款人的方式来解决。美国在20世纪20年代向海外贷款100亿美元，相当于整个19世纪全部债权国所有贷款的1/4。这个数目甚至超过了"二战"之后的马歇尔计划。欧洲和新兴农业国则用来自美国的贷款偿还对英国的债务并从英国进口。

但来自美国的贷款也是要偿还的，并没有从根本上解决欧洲的债务问题。这个问题在1929～1933年的大萧条之后爆发。因为大萧条，国际间资本流动停止。各国还因为还债而纷纷采取贸易保护措施。国际贸易在1929～1932年收缩了2/3。美国的私人资本停止了在海外市场的投资。英国的海外投资则由政府接手。

19世纪的债务（杠杆）周期与投资（供给）周期及经济周期的联动，最终因债务积累而陷入无解。维持了一个世纪的国际贸易和国际资本流动的制度安排也因此终结。全球治理终因"二战"而重建。

不变的是周期之间的联动关系，这在"二战"之后的全球经济与金融体系中不断重复着。

（二）新兴工业国的投资周期

"二战"后，新兴工业国（Newly Industralized Country，NIC）重复了与19世纪新兴农业国类似的发展周期，表现为海外投资推动的全球化分工。海外资金以银行贷款、跨国公司投资及债券投资的方式投入新兴工业国，建设了新产能，产生了新的投资周期，导致了20世纪80年代拉美债务危机和90年代的亚洲金融危机等的发生。

美国在"二战"后取代英国成为核心国，以服务业为主导行业来吸收全球制造业产出，从而主导全球分工及全球资金流动。1975年，美国需求已经吸收了全球制造业出口的11%。到了1987年，这一比例上升到22%，而占发展中国家制造业出口的比例更是高达50%。即便到了2000年当亚洲国家工业化程度已经很高时，美国依然吸收了全球17%及发展中国家24%的制造业出口。

20世纪70年代初布雷顿森林体系瓦解后，金融管制放松，美元成为协调全球投资及加杠杆的国际货币。80年代的赤字政策使得美国于 1988 年成为净债务国，从此开启了沿袭至今的"全球套利"模式。国际资本市场得以迅速发展。根据 Frieden（2006），国际资本市场的资本池（Pool of Capital）在 1973 年、20 世纪 80 年代初期及 90 年代分别达到 1600 亿美元、1.5 万亿美元及 5 万亿美元。而每年借贷额则分别达到 350 亿美元、3000 亿美元及 1 万亿美元。国际资本的迅速增长使得各国能够更加自由地使用杠杆来促进经济增长，并带来更为频繁的通胀和波动。

20 世纪 60 年代及 70 年代拉美国家借入美元债来推动进口替代的工业化发展（Import Substitution Industrialization，ISI）。这些美元资金最初来自政府及国际组织。在 1973 年石油危机后，石油美元的大量涌入使得私人部门成为拉美国家投资的主要资金来源。石油危机导致发达国家经济不景气，却为石油输出国带来大量美元。这些美元回流至美国的商业银行（也即石油美元）后，由于缺乏在发达国家的投资机会，就被投向拉美新兴工业国。这些资金大量投资于纺织、服装、鞋帽、玩具、基本钢铁和廉价汽车等低端项目，促进了拉美国家经济的繁荣，从而吸引了更多投资，形成良性循环。到了 80 年代，当拉美国家经历了持续的经济繁荣正在积极扩大产能时，美联储为治理通胀开始大幅提高利率，这导致美元的大涨以及美国经济的衰退。美国进口的下降导致投资周期潜在的供求失衡爆发，并引发拉美债务危机。受美国财政部和美联储的督促，IMF 施压商业银行继续向拉美国家贷款，从而使这些债务得以延续。但这并没有消除债务，反而造成债务的持续积累。而拉美国家为偿债而做出的努力，如压缩投资及进口等，则造成它们及发达国家经济的收缩，加大了债务偿还的长期困难。至此，拉美国家进口替代的工业化走完了一个投资周期与杠杆周期互动的过程。

就在拉美新兴工业国陷入困境时，里根政府在 20 世纪 80 年代开始了加杠杆的扩张性财政政策。强美元及赤字政策使得美国从新兴工业国大量进口，在关键时刻为它们提供了外需。这一次的全球供求失衡由美国加杠杆解决。

拉美国家推行的是进口替代战略，因此未能成为围绕美国来组织生产的边缘国。尽管如此，20 世纪 70 年代和 80 年代的全球经济依然紧密联系，形成了一个由美国、日本和新兴工业国组成的商品与资金的循环：日本对美国形成贸易顺差，然后购买美元资产而实现美元的回流；美国因此获得资金并从新兴工业国进口，从而保证新兴工业国能够偿还美元负债。这个循环可以从贸易数据看出：1980 ~ 1989 年，美国的贸易逆差有 38% 来自日本，有 47% 来自发展中国家；日本只要将顺差赚取的美元回流就基本能够支付美国对发展中国家的逆差。

到了 20 世纪 80 年代末，日本、美国、拉美之间的这种循环结束，却促成了对东南亚国家的投资。80 年代之后，日本的制造业实现了对美国的赶超。美国与日本开始产生全球产能分配方面的冲突。美国制造业认为强美元是他们失去竞争优势的原因，因此施压美国政府通过 1985 年的广场协议干预汇率。美元在两年之内对日元贬值了 50%，制造业产能开始重新向美国转移。

广场协议后的一系列发展导致日本在海外投资的扩张。美元贬值限制了日本的出口，影响了日本经济。日本央行于是试图通过降息来刺激国内经济，却引发了股市和房地产市场的泡沫。日本企业于是用升值了的股市及土地获取大量抵押贷款，在国内投资于高端汽车和高端电子产品等新产能，而将低端制造的旧产能转移至东南亚。东南亚国家的汇率与美元挂钩，因此出口不受美元贬值的影响。日本的投资促进了东南亚国家的经济繁荣，并吸引了更多的贷款与投资，形成了投资与增长的良性循环。初期，由于美国、日本及东南亚国家经济的迅速增长，这些新建产能并没有产生过剩问题。但是随着日本央行在 1990 年开始加息，日本股市和房地产市场开始下跌，并导致银行贷款的收缩。而美元对日元持续大幅贬值则加大了日本出口的困难。1992 ~ 1996 年，日本对美国的汽车和家电出口下降了 50%。

与此同时，美国的全球战略已经转向自身占优势的服务业出口，试图开拓金融、远程通信、航空运输以及与之相关的投资品（飞机、机械、电脑、基建等）的全球市场。克林顿政府于是通过 WTO 在东南亚推进服务业的市场开放，以向东南亚出口，从而与日本依据东南亚向美国出口的目标冲突。

日本与美国的贸易顺差下降了一半，达 30 亿美元；而东南亚国家与美国的贸易顺差则增加了 30 亿美元（Schwartz, 2010）。这样，美国在国际贸易总量上没发生什么变化，但通过与东南亚国家贸易量的上升而出口了大量资本品。

日本企业不仅没有去产能，反而加大了在东南亚的投资，试图复制对美国出口的模式。而东南亚国家的政府也加大了投资。新加坡、印度尼西亚和韩国的固定资产投资占到了 GDP 的 36%，而马来西亚和泰国更是高达 45%。日本之外的亚洲国家投资占世界总投资的比例从 1990 年的 6% 上升到 1996 年的 18%。海外资金起了重要作用。东南亚投资中的 25%，也即 4200 亿美元来自海外，且多为短期贷款。这些投资集中于低端行业，没有投向有效产能或进行产品升级。

当产能在整个东南亚以及中国开始扩张后，这些新兴工业国的贸易条件开始恶化。中国在 1994 年将货币贬值 32%，则加大了东南亚国家的贸易条件恶化。与美国页岩油行业在 2014 年之后产生的危机过程类似，价格的下跌意味着东南亚国家需要出口更多的量来偿付贷款，它们于是加大了生产。而产量的增加则进一步压低了价格，形成恶性循环。1995～1997 年，美元开始升值。亚洲金融危机爆发，各国纷纷缩减投资。

亚洲金融危机后，IMF 的救助计划附加了金融和贸易自由化以及私有化的条件。东南亚国家向美国的资本行业开放了市场，使美国的银行得以大量收购亚洲银行。亚洲国家因为金融行业的这些改变而无法模仿日本模式进行产业升级，其生产低附加值、同质化产品的边缘国地位被强化，而且其内需不足以吸收产能（Schwartz, 2010）。

亚洲金融危机的过剩产能再次通过美国加杠杆的方式化解。美国以减税及低利率政策刺激需求，迅速积累了大量贸易逆差。美国的房地产市场也开始繁荣起来。金融方面，资产证券化等金融创新使得美国能够将房屋抵押贷款打包成高流动性资产出售，从而促进了美元的回流，为房地产市场提供了流动性。政治方面，美国因为没有好的办法来消除收入不公，因此试图通过增加信贷可获得性等方法来消除消费的不公平，从而促进了房地产市场的繁荣（Rajan, 2010）（见图 6 - 7）。

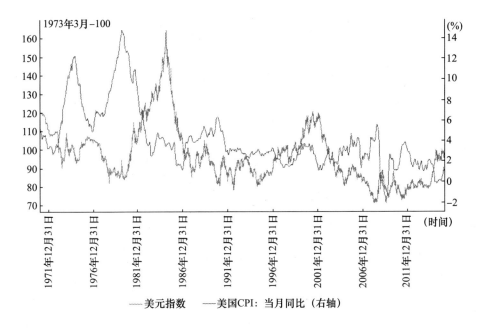

图 6 - 7　美元与美国通胀

资料来源：Wind 资讯。

　　美国与亚洲国家形成了一种循环：美国的跨国公司将大量劳动密集型制造业外包给亚洲国家，然后通过廉价进口降低了美国的通胀和利率，并促进了美国房地产市场的发展。而亚洲及石油输出国则将对美国顺差而积累的美元回流美国，为美国的消费及房地产投资提供资助，并压低了美国利率。美国获取廉价进口，亚洲国家则获取了经济增长。随着美国房屋价格的不断上升，低收入人群实际收入不断下降，美国房地产市场泡沫最终破裂，这个循环也就结束了。

　　与之前不同，2007～2009 年全球经济及金融危机发源于美国这个核心国，而不是边缘国。但与历次危机一样，危机的背后都是债务周期、投资周期与经济周期的联动。而这背后又是经济结构的深刻变化：布雷顿森林体系瓦解后的自由化运动解放了市场力量，商品和劳动力市场也就大幅波动起来。而工资增长相对于劳动生产率增长的滞后，则导致需求不足，需要更多依靠杠杆积累来推动。

第七章　国际货币体系安排

一、美元与国际货币体系的安排

在全球分工中，政府起到了重要作用，其中之一就是将一些还没有市场化的区域进行货币化（Schwartz，2010）。通过国际货币体系的安排，可以实现对全球分工及全球市场的控制。

全球货币体系经历了英镑和美元的更换叠加。"一战"前，英镑是国际货币；两次世界大战期间，英镑和美元共享国际货币的地位；"二战"后的布雷顿森林体系下，美元成为占主导的国际货币（Krugman，1984）。Schwartz（2010）将19世纪后期的全球货币体系归于基于证券（债券和股票）的货币体系，并认为当今的货币体系除了没与黄金挂钩之外，与19世纪后期一样是基于证券的货币体系。

"二战"之后的国际货币体系一直由美元主导，即使在布雷顿森林体系瓦解之后也是如此。至于国际汇率体系的制度安排是固定汇率还是浮动汇率，大概有三种说法。

Eichengreen（1996）认为固定或浮动汇率体系是由核心国—边缘国经济发展决定的，而其中重要的决定因素则是有没有关键的边缘国出现。关键边缘国为了向核心国（美国）出口，要管理与核心国的汇率，从而促使建立以美元为中心的类布雷顿森林体系。如果没有关键边缘国出现，全球汇率体系就会演变为浮动汇率。

Goldberg（2010）认为，货币在国际上的使用是由市场决定的。官方和私人机构都有很强的动力选择使用那些高流动性的可兑换货币。这就决定了美元在国际货币体系中的重要地位。欧元区和中国经济力量的增加也没有撼动美元在规模、开放度和信用方面的优势。而各种机构和政策在网络效应下做出的选择还正在加强美元的这些优势。Krugman（1984）认为，英镑获得国际货币体系中的重要地位以及随后美元对之进行的取代，很大程度上都是"看不见的手"在推动，而国际组织和机构只是对这种市场选择进行官方确认。

Schwartz（2010）更强调政府、利益集团及国际机构的作用，认为美国在国际货币体系的安排中起到了关键作用。他认为美国政府的政策选择决定了全球汇率体系及美元汇率的波动。美国会根据自身的国家安全诉求而决定发展、修复或拒绝布雷顿森林体系的货币安排。美国为全球经济提供流动性及新需求主要由以下因素决定：美元持续作为国际货币的角色、美国国内的政治斗争以及美国维持国际相对地位的努力。

现实中货币体系的制度安排及汇率波动则是各种因素综合作用的结果。各国的经济发展、市场、政府和政策会综合作用、相互影响。

（一）国际货币体系的边缘国—核心国决定论

Eichengreen（1996）指出，"国际货币体系在过去 100 年来一个让人惊叹的特征就是固定汇率体系和浮动汇率体系来回替换的规律性。"对 Dooley 等（2003）来说，推动全球货币体系变化的因素，就是全球经济核心国和边缘国发展的动态过程。当一些重要的边缘国出现，并向核心国寻求经济发展时，国际货币体系就演变为固定汇率。在边缘国经济发展到一定程度从而加入到核心国范畴后，就对开放的金融市场产生了需要，全球货币体系也就演化为浮动汇率。这在"二战"后就体现为以美元为中心的布雷顿森林体系及随后的布雷顿森林 2.0 体系。

布雷顿森林体系是"二战"后西方诸国为稳定币值和促进国际贸

易而设立的国际货币体系的制度性安排。该体系下，美元与黄金挂钩，而其他国家的货币则与美元挂钩。为实现这种挂钩，各国承诺通过买卖美元而将与美元的汇率波动限制在上下1%的范围。

美国因劳动生产率高、制造业发达、经济发展强劲而成为核心国。欧洲和日本因为战后重建而成为关键的边缘国。美国采取了开放的态度，对国内的资本和商品市场不加控制。而欧洲和日本则对资本及商品流动实行控制。战后的欧洲和日本由于金融体系薄弱，还以美国为金融媒介为自身增信，并积极积累外储。而美国则以FDI等方式来对欧洲和日本发放长期贷款。这个以美元为中心的国际货币体系取代了大萧条之前的金本位制，不仅更为灵活，而且避免了各国采取操纵汇率的贸易保护主义。该体系符合当时各方利益：为了向美国出口，作为边缘国的欧洲和日本希望保持与美元汇率的稳定。而美国则既可以自由制定国内政策，还可以持续保持经常账户逆差。

1945～1960年的布雷顿森林体系实际上由美国独自运营着。美元是当时国际市场唯一的通行货币，能够为各国提供战后重建所需的原油和机械等物资的国际购买力。美国当时的劳动生产率远超欧洲和日本，很难以贸易逆差来输出美元，只能通过贷款及马歇尔计划等方式直接提供美元。而美国在海外的军事活动、旅游及海外投资等也提供了部分美元现金。美元因为当时美国在劳动生产率方面的绝对优势、大量的黄金储备及更低的通胀而获得国际社会的大力支持，具有独一无二的地位。

但是在1960年之后，美元的地位开始受到挑战。

经济上，1960年越战的升级以及各种公共福利的花费，扩大了美国的财政赤字及国际上美元债券的发行。当离岸市场的美元总量与美国的黄金储备基本相等时，投机者开始攻击美元。

政治上，欧洲与日本对固定汇率体系的支持也在削弱。欧洲和日本已经复苏，并消除了与美国在经济上的差距，从而加入到核心国范畴。它们已不再需要固定汇率等控制性的发展策略，而是倾向于更加开放的金融市场。开放的金融市场则需要浮动汇率（Dooley, Folkerts - Landau, Garber, 2003）。欧洲与日本也不再需要美国为自身的金融系统增信，所以在认识到美国因为充当金融媒介而获取了大量转移支付后，就不再愿意积累美元储备。

理论上，匈牙利经济学家罗伯特·特里芬在 1960 年提出了特里芬难题（Triffin's Dillema）：如果美国不持续保持逆差，就不能保证世界经济的流动性，从而会限制全球经济增长；如果美国持续保持逆差，就会侵蚀美元作为储备货币的信心。

美国采取了各种手段来捍卫美元及整个布雷顿森林体系。为阻止美元流出，美国进行了一些软性资本管制，提高短期利率并征收利率均等税（Interest Equalization Tax）。美国还施加了海外自愿信贷限制法案（Voluntary Foreign Creidt Program）和海外直接投资法案（Foreign Direct Investment Program）来限制美国的银行在海外的信贷，但这些措施并没有阻止美元的流出。

美国还与各国央行设立了黄金池（Gold Pool），试图通过彼此交换黄金的方式来支持黄金每盎司 35 美元的定价。黄金池失败后，它们又设置了央行之间及私人部门的两级黄金交易机制：央行之间的交易依然使用布雷顿森林体系设定的官方价格，而私人部门的交易则由市场定价。

肯尼迪政府还试图通过减税来刺激经济，从而捍卫美元。但美国企业并没有增加在国内的投资，而是向海外投资，并因此对美国的出口产生了替代作用。减税政策还刺激了通胀。通胀以及劳动生产率增长的减缓则进一步降低了美国的出口能力。

到了 1970 年，美国的通胀上升，贸易逆差开始出现，特里芬难题得到体现，国际社会开始担心美元。劳动生产率的下降及通胀的上升使得美元不再特殊，其法定货币的特性开始凸显。出于对美元的担心，法国等国开始将美元兑换成黄金，这造成美国的黄金储备开始大量外流。

尼克松总统在 1971 年 8 月将美元贬值 10%，将关税增加 10%，并且将美元与黄金脱钩，希望能够以此推动出口来刺激美国经济。这在事实上结束了布雷顿森林体系。

布雷顿森林体系瓦解后，没有出现新的关键边缘国来取代欧洲与日本，也就没有出现对固定汇率的诉求。刚刚脱离殖民统治的发展中国家要么正在与美国的资本主义体系抗衡，要么正在推行进口替代的工业化发展，从而与西方核心国脱离了联系。这样到了1973年，多数国家的货币都已经对美元自由浮动。德国马克相对美元升值了50%，日元则升值了30%。1975年，IMF修订章程，将浮动汇率合法化。期间金融市场动荡，股市大跌，原油价格暴涨，通胀高企，大批银行破产。

　　20世纪80年代之后，新的边缘国—核心国关系开始出现，也就出现了对固定汇率的诉求。包括中国在内的新的发展中国家的崛起在实际上搭建了布雷顿森林2.0体系（Dooley，Folkerts - Landau，Garber，2003）。80年代的发展中国家开始愿意向美国及欧日核心国开放商品和资本市场，并对国际贸易和国际资本采取接纳的态度。这些国家与"二战"后的欧洲与日本很相像：资本缺乏、金融体系受到抑制、产品质量低而无法在核心国销售。华盛顿共识则鼓励这些国家开放资本市场，从而加入核心国的体系。亚洲国家采取了欧洲与日本在战后的发展策略：管理汇率、管制资本流动、积累外储、以向核心国出口来推进经济发展。为了维持出口竞争力，它们普遍采取实际上与美元挂钩的汇率政策，从而构建了布雷顿森林2.0体系。

　　Dooley等（2003）将布雷顿森林2.0体系进一步细化，在功能框架（Functional Framework）下，将全球经济体划分为三个区域：贸易账户区（Trade Account Region）的亚洲，核心国（Center Country）美国及资本账户区（Capital Account Region）的欧洲、加拿大和拉美。

　　贸易账户区的亚洲国家以出口来拉动经济增长，所以最关心向美国的出口，宁愿投资回报低也要购买美国的有价证券，以资助美国从它们那里进口。它们还普遍管理汇率以限制本国货币对美元的升值。而资本账户国的欧洲、加拿大、澳大利亚和拉美国家采取对美元的浮动汇率政策。它们的私人部门投资者关心的是国际投资的风险和收益，并不需要政府对汇率市场干预。对它们来说，美国既是核心国又是货币中介国。

　　欧洲则一直致力于建立一个区域性货币安排，1972～1975年汇率的蛇行（Snakes），到 1979 年的欧洲货币体系（EMS），直到 1999 年的欧元区。

（二）　资本流动

从布雷顿森林体系瓦解直到 2005 年左右，国际货币体系在资助国际收支（Payment Balance）差额和资本流动方面与 19 世纪的体系相像，资本从富裕国家流向贫穷国家。不同的是，19 世纪的货币由黄金支持，而该时期的货币和国际借贷则由金融资产支持。但是在 21 世纪初期之后，国际间资本流动开始从贫穷国家（尤其是中国等亚洲国家）流向富裕国家（尤其是美国）。国际资本的这种流动标志着国际间供求的失衡。

美国此时已经成为净债务国，通过负债来创造需求以吸收全球过剩产能。同时，经济的金融化意味着美国的金融业取得了政治上的主导地位，并推动了金融自由化和金融创新的发展。高流动性金融资产因此被大量生产出来，作为美元及美国负债的支持，润滑了国际间资本流动。国际借贷由高流动性的美元资产支持（正如 19 世纪的黄金），从而使美国与全球形成的收支差额得以延续。由于是被金融资产支持，货币在国际间就可以资产买卖的方式自由流动。除了资本管制外，各国央行并没有办法控制资本在国际间的流动。但资本管制已经被消除，资本流动已成为影响各国经济的主要力量，各国政府因此不再能够仅仅通过货币政策来推动经济的快速增长。国际资本的流动如此之大，以致大国都难以执行独立的货币政策，而发展中国家受资本流动的冲击就更大。如果资本从一国流出并导致信心消失，该国可能会立即陷入衰退。20 世纪 80 年代的阿根廷、1994 年的墨西哥、1997 年的亚洲国家都受到了投资周期下国际资本大幅流入流出的影响。国际资本这种巨幅波动造成了发展中国家货币供给在扩张和收缩方面的失控。

（三）美元的升值与贬值

在 Schwartz（2010）看来，正是美国为了解决国际和国内政策需求之间的矛盾而推进了浮动汇率。浮动汇率使得美国可以通过操纵汇率来促进制造业出口。

美元的升值与贬值，也即美元在国际货币体系中的地位，受到两种相对力量的影响：美元的流动性与国际社会对美元信心的相对力量；美国经济对其他国家经济的相对力量。而美国国内政治对制造业和金融业利益的平衡也会影响美元汇率。美国制造业需要弱美元来获取国际竞争力；而过于疲软的美元又会伤害那些有美元负债国家的经济。美国的汇率政策就在强美元和弱美元之间摇摆：以美元贬值来促进出口和经济增长；而一旦其他国家出现困难则又允许美元升值来帮助它们增加出口（见图 7 - 1）。

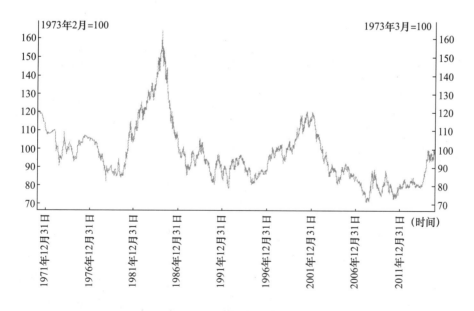

图 7 - 1　美元指数

资料来源：Wind 资讯。

尼克松为了刺激出口而推动了美元的贬值，但1973年的石油冲击及石油美元的流入又促使了美元升值。针对石油冲击带来的衰退，卡特政府在1973～1975年试图以财政赤字及低利率政策来刺激美国经济，但这造成了1980年的高通胀及贸易赤字，美元因此大跌。Schwartz（2010）将1976～1980年美元的下跌归于卡特的努力。他认为里根和克林顿都遵循了同样的逻辑，催生了美元的波动。

二、国际货币/金融体系安排与经济波动

Jordà等（2010）对140多年的历史进行归纳，将之归为两个金融资本主义时代（Two Eras of Financial Capitalism）。1870～1939年为第一个时代。除了20世纪30年代大萧条期间银行大幅去杠杆之外，这一时代的融资流动性（Funding Liquidity）整体来说保持稳定。具体来说，该阶段尽管货币和信用整体波动非常大，但二者之间在长期保持一个稳定的关系，而且它们与GDP的比例也保持了稳定。这个阶段，货币增长与信用增长基本就是一枚硬币的两面，当时的经济体因此符合货币论视角。

从1945年开始的第二个时代，金融体系发生了很大变化。银行体系先是以储蓄存款（也即货币类负债）为基础来增加信用（也即银行资产方的贷款）。货币与信用都迅速增长，到了1970年二者与GDP之比已恢复到1940年"二战"前的水平。20世纪70年代之后，信用与广义货币脱钩，开始通过非货币类负债以杠杆的方式迅速增长。该时期的货币总量相对稳定，但银行资产则大幅上升，银行贷款与存款比大幅上升。这样，银行系统的杠杆就越来越高，信用供给与货币供给的差别越来越大。银行越来越依赖非货币负债来扩张。相较于之前主要甚至全部负债都是储蓄存款的银行体系，该时期的银行信贷要宽松很多（Adrian，Shin，2008c）。金融系统的这些特点开始支持信用论（Credit View）而非纯粹的货币论观点。经过数十年积累，全球的

金融风险和杠杆都已经达到前所未有的高度。Taylor（2012）将 Jordà 等（2010）所称的第二个时代中 1970 年之后的时期归为信用时代（Age of Credit）。Schwartz（2010）则认为国际货币体系的安排与经济波动有密切关系，20 世纪 70 年代之后的国际秩序回归到了 19 世纪时期的状态以及随之而来的波动，并最终形成了 2007～2009 年的金融危机。

Adrian 和 Shin（2008c）对金融危机前后金融体系的流动性（Liquidity），即信用供给进行了分析。20 世纪 80 年代之后，基于资本市场的信用中介活动开始占据主导地位。金融系统已经越来越多地建立在资本市场的基础上。资本市场的机构尤其是那些从事资产证券化业务的机构已经越来越重要。2007 年第二季度，在美国通过发行有价证券来融资的金融机构的资产已经远超通过储蓄存款来融资银行的资产（见图 7 - 2）。

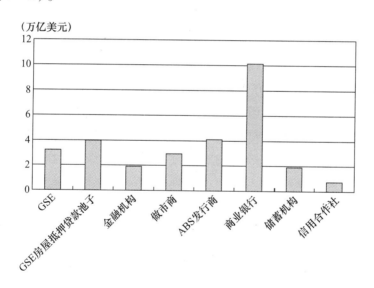

图 7 - 2　2007 年第二季度各金融机构资产

资料来源：美联储。

资本市场融资最大的特点是其来源的不稳定性。储蓄存款因为央行最后贷款人的角色而成为最稳定的资金来源。有价证券尤其是隔夜拆借等资金来源则最不稳定。融资的不稳定就会造成信贷的不稳定。这在2007～2009年金融危机期间得到充分体现。

金融市场结构的这种变化，使商业银行的信贷发行已不足以反映市场信用的松紧状况。在2007～2009年的金融危机中，当市场信用收紧时，资产支持证券（ABS）的发行从2007年9月的高点迅速下降，而商业银行的信贷发放却开始加速。如果从商业银行信贷来判断市场信用松紧，就会对金融危机中的信贷冻结产生误读。之所以如此，是因为商业银行在危机发生之初通常会为债务人提供安全垫，而不会立即紧缩信贷。

储蓄存款尽管稳定，但是对银行的资金需求反应不够敏感。商业银行如果依靠储蓄存款来扩张，就缺乏足够的灵活度。银行及其他各金融中介机构的边际资金实际上都是由资本市场提供，而商业银行则由于资产负债表庞大、储蓄存款占比高而掩盖了这一点。而经纪自营商（Broker - dealer）的资产负债表上都是资本市场有价证券或由市场定价的短期债务，它们的业务发展能够反映以市场融资为基础的金融系统的整体状况。Adrian 和 Shin（2007）发现经纪自营商表现出了明显的顺周期行为，它们会在资产增长时增加杠杆，而在资产缩水时降低杠杆。Adrian 和 Shin（2008c）用估值折扣（Haircut）的变化对杠杆资金可获得性的影响来解释杠杆机构的行为。金融危机时，估值折扣会大幅上升，迫使杠杆机构抛售资产或增发股权来降低杠杆（实践中它们往往抛售资产）。

金融制度和政策在第二个时代也发生了很大变化：货币脱离了金本位而转向信用货币，宏观政策更加积极，政府加强了对银行的监管并施行了存款保险，央行作为最后贷款人的角色得到了扩张。由于信用起到越来越大的作用，更多的央行开始考虑将信用作为货币政策考虑的因素。

Bernanke 和 Gertler（1989），Adrian 和 Shin（2008c），Curdia 和 Woodford（2010）分别从资金需求方、资金供给方以及信用利差等角度分析了信用对波动的传导。

综合来看，布雷顿森林体系下管制性的制度安排导致了"二战"

之后到1970年全球经济的相对稳定。各国实行资本管制,国际间资本流动仅限于官方流动及直接投资(FDI)上。国际贸易则仅限于制造业,各国通过公共服务及金融来培育经济的快速增长。

布雷顿森林体系瓦解后,金融市场与经济就开始波动。美国推行金融自由化及管制放松,并将国际贸易从制造业向服务业和农业扩展。全球金融体系与全球经济开始与19世纪相像:资本流动决定了一国维持收支赤字(Payment Deficit)的能力;金融资产润滑了国际贸易;危机普遍存在。但与19世纪相比,20世纪70年代之后的国际贸易不再具有互补性,全球供求也就无法平衡。随着信用大幅增长以及资本市场融资变得越来越重要,经济中的系统性风险越积越多,融资的脆弱性越来越大。当杠杆积累足够大,美国已无法再次通过加杠杆的方式来平衡全球供求时,金融危机就爆发了。

三、美元对全球的影响

美元是国际货币体系安排的核心。美元作为国际货币的地位,使美国可以不受限制地以消费和投资来拉动经济增长。美元还使美国能够持续保持经常项目逆差,并因此被戴高乐和法国前财长 Valery Giscard 称为极端特权(Exorbitant Privilege)。Schwartz(2010)认为,与19世纪的英国一样,美国在全球进行着借短投长的套利,而且能够向自身经济注入活力。

美国可以获得铸币税。因为其他国家要用支付利息的有价证券来换取美元现金,所以美国可以从美元发行中获取铸币税。美国所获得的利息收入,减去生产美元现金所产生的费用,就是美国获取的铸币税。铸币税受低利率环境的制约。假定利率为0.25%~2%,那么铸币税就为每年25亿美元到200亿美元(Goldberg,Choi,Clark,2011)。

美元的国际地位还将美国国内的经济活动与国外的发展相隔离。

美国的进口以美元计价，受汇率的影响相对较小，从而将美国国内的通胀进行了隔离。美元作为国际储备货币的地位进一步支持了美元的价值，降低了美国国内的融资成本①。美元的国际地位使得美国的机构能够发行美元计价的债券，从而避免了资产负债表在货币上的不匹配。

更重要的是，美元的国际地位使得美国能够持续保持经常账户逆差，也就是所谓的美国拥有的极端特权。

美元及高流动性的美元资产在全球价值链分工体系中起重要作用，同时对各国在货币政策及金融稳定方面产生影响。在货币稳定方面，美元计价的大量信贷意味着美联储的货币政策会直接传递到其他国家。而企业的边际资金需求可由美元债或本国债务满足，从而能够绕开本国央行的货币政策。美元在全球经济中的地位，在美元化（Dollarized）的国家更为明显。

美国的经常账户逆差以创造需求的方式为全球经济增长提供动力。这种全球经济增长模式需要美国的经常项目逆差得到持续资助。这就要求国际市场对美元及美元资产保持信心。

在功能框架下，对美国经常账户逆差提供资助的资金，就分别来自贸易账户区和资本账户区。贸易账户区资助美国经常项目逆差的目的是防止本国货币对美元升值。管理汇率就需要购买美元资产，从而增加官方外汇储备。贸易账户区资助美国经常项目逆差的资金因此主要来自官方账户。这些汇率安排中的极端例子是中国香港与美国之间严格而明确的固定汇率制度。其他国家如日本与韩国则在表面上实行浮动汇率，但实质上积累了大量外汇储备（见图 7－3）。

资本账户区对美国实行浮动汇率制度。这些国家对美国经常项目逆差的资助，主要来自私人账户。这些资金以盈利为目的，会在美元及美元资产的收益与风险符合投资目标时流入美国，也会出于盈利或避险目的从美国撤出。McCauley、McGuire、Sushko（2015）认为，亚

---

① Curcuru、Thomas、Warnock、Wongswan（2011）认为，美国的低融资成本源于风险溢价、税收差异以及各国投资收益的相对稳定性等，而不是美元的国际地位本身。

洲贸易区会长期资助美国的经常项目逆差，资本账户区的投资者并不用担心美元及美元资产的价值和收益。

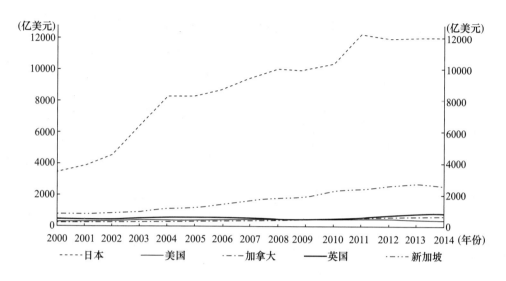

图 7 - 3　主要国家外汇储备

资料来源：Wind 资讯。

四、货币政策在国际间传导

核心国—边缘国产生的经济与金融链接自然会涉及货币政策在国际间的传导问题。

关于国际货币体系及货币政策在国际间的传导，最早的论述往往追溯到 David Hume（Borio, James, Shin, 2014；Fischer, 2014）。对货币政策在国际间的传导进行正式建模，则归于 Fleming（1962）和 Mundell（1963）。在他们的不可能三角（Trilemma）模型中，美国货币政策向一国的传导取决于该国的汇率政策。如果一国在资本流动方面是放开的，但对汇率波动是限制的，那么该国的货币政策就会受到美国货币政策的影响。他们认为浮动汇率、自主的利率政策和资本开放三者不能兼得。

Banerjee、Devereux、Lombardo（2016）认为，宏观经济政策会从发达国家向发展中国家传导。他们使用了核心国—边缘国框架，对美国的货币政策冲击效果进行了研究，认为金融摩擦使得发达国家货币政策向发展中国家的溢出效应加剧。Fischer（2014）认为，尽管美国占世界 GDP 的比例自 20 世纪 50 年代就开始下降，但由于日益增加的金融链接，美国对世界经济的重要性并没有减弱。美国拥有的海外资产占美国 GDP 比重从 1950 年的 6.5% 增加到了 140%（近 25 万亿美元），反映了美国资本市场在国际金融中的重要角色。而海外在美国的投资则更是高达 30 万亿美元。

货币政策在国际间的传导，除了利率渠道还有风险承担（Risk Taking）渠道。通过风险承担渠道，美国的货币政策可以更广泛地影响全球金融条件。2008 年金融危机后，美国、欧元区和日本等发达国家纷纷实行零利率及量化宽松（QE）等非传统货币政策。学术界对货币政策在国家间传导的研究也随之增加。Borio 和 Zhu（2008）首先对风险承担（Risk Taking）的货币政策传导渠道进行了研究。在此概念下，Bruno 和 Shin（2014）对资本流动与货币政策传导进行了实证分析，他们发现美国的低利率政策通过银行杠杆渠道增加了银行间市场的信贷，并因此而传递到世界其他国家。

第八章　大宗商品

一、大宗商品市场发展

（一）大宗商品市场起源及特点

作为生产资料和消费品，商品自文明之初就被人类使用并交换。不过，投资者将大宗商品（Commodities）作为投资标的进行大量投资，从而将之变为一个资产类别则是过去 20 年的新发展。在交易上，大宗商品分为现货（Spot）市场和期货（Futures）市场。现货是基础，期货是基于现货之上的衍生品。关于大宗商品的一切讨论，最终都离不开现货这个基础，要围绕现货的供给、需求和库存而展开。

大宗商品现货被直接或加工后应用于实体经济的方方面面，如工业制造等。实体经济的周期波动会影响大宗商品的供给、需求与投资，从而影响大宗商品的价格。中国在改革开放后，尤其是 2001 年加入 WTO 后经历了经济的高速增长，加大了对原材料的需求。以中国为代表的发展中国家迅速的工业化发展，被认为是造成 21 世纪初大宗商品价格大幅上涨的"超级周期"的重要需求冲击。不过，大宗商品价格变化最主要的因素依然是供给侧的投资周期。21 世纪初出现的所谓"超级周期"实际上是由整个 20 世纪 80 年代及 90 年代对大宗商品投资不足造成的。而从 2014 年 6 月开始的此轮原油价格的大幅下跌则缘于美国页岩油带来的供给冲击。

商品现货交易的历史很长。Graeber（2011）将人类以货易货的商品交换追溯到了公元前 1 万年。可以说自人类之初就有了商品的交易。社会经济生活的各方如生产者（猎人、农民、渔夫和工匠等）、商人、投机者和消费者等会聚集在一起，彼此交换原材料和产成品。但是以货易货的交易会受到诸多限制，其中最重要的就是对买卖双方需求一致性的要求。为了突破这些限制，人们开始以牲畜、皮毛和贝壳等作为中介来进行交易。这就是早期的货币。这些早期货币又渐渐被黄金、白银和铜等金属取代。引入金属尤其是黄金作为交换媒介，是贸易在全世界得以扩展的重要一步（Baer, Julius, Saxon, Olin, 1949）。

全球经济从 15 世纪到 19 世纪末，都以农业为核心。这个时期的商品交易主要以农产品为主。在早期的农业社会，交通运输不便，人们的活动往往被限于方圆约 30 公里的范围，也即一个人扛着一袋粮食一天所能步行的距离（Schwartz, 2010）。在欧洲，这就形成了一个个 30 公里范围的微型经济圈。人们在这种经济圈内的商业活动基本都是以物易物的农产品贸易。一直到 1929 年，农产品仍占全球商品贸易的 60%（Schwartz, 2010）。Schwartz 还认为，在奴隶贩卖的阶段，人也被当作一种商品而进行买卖了。

伴随贸易发展的是围绕贸易的各种制度（机构及规则等）的建立和发展，商品交易所就是这些制度中重要的一个部分。由于农产品在人类早期生活中的重要性，最早的商品交易所从事的都是农产品交易。

商品市场分现货市场与期货市场。人类早期以货易货的交易就是现货市场。期货（包括远期）市场则是在现货交易的基础上，为对冲商品的价格风险而逐步发展起来的。最早的期货是 18 世纪 30 年代日本的大米期货。美国最早的远期交易发生在 18 世纪的缅因州。当地农民为了融资而将尚未收获的土豆卖出，从而形成远期合约。1864 年芝加哥商品交易所（Chicago Board of Trade, CBOT）的谷物期货则开创了美国的期货交易。所有大宗商品都会有现货交易，但因现货交易涵盖范围极广，并非每个品种都会有期货与之对应。大宗商品现货与实体经济联系密切，而且通过各种渠道影响其他金融市场，如外汇市场。

学术上对现货与期货并没有在定义上做严格区分。商品交割（Deliver）的时间就成为区分现货与期货的最关键变量。现货交易的商品交割会立刻执行。若因技术性限制交割无法立即执行，这种耽搁也必须很"短暂"。"短暂"通常被定义为不超过两天，否则就成为期货交易或远期交易。远期交易的双方要订立正式的合约，明确交割时间并对运输及搬运等责任进行认定。

商品现货交易通常会涉及四个方面的风险：价格风险、运输风险、交割风险和信用风险（Geman，2004）。其中，运输风险包括战争、动乱等事件性风险，还包括运输成本风险。而对价格风险进行管理和转移，就促成了远期及期货市场的发展。风险转移则需要投机者进入市场而成为对冲交易者的交易对手方。

金融投资者就是期货市场的投机者。他们所说的大宗商品投资通常就是指期货市场投资。不过，大宗商品期货的定价与现货市场密切相关。实体经济对一种商品的供给、需求和存货是决定商品期货价格的最重要因素。当然，投机行为也可以发生在现货市场，通过囤积的方式进行。2010 年中国就发生过普遍地针对大蒜、黄豆、生姜等农产品的投机，并在民间诞生出"蒜你狠"、"豆你玩"、"姜你军"等对投机行为的描述。投机者通过对现货进行囤积，以获取跨时间及跨空间的套利。在中国发生的这次农产品投机，缘于中国当时宏观经济中高的通胀水平及高的通胀增速。

理论上，大宗商品期货价格会通过无套利原则与现货价格结合起来。实际上，大宗商品现货市场存在诸多摩擦，使得大宗商品期货与现货的套利交易无法完美进行。大宗商品现货具有很强的地域性，不同地点的同样商品价格会不同。大宗商品现货的存储会产生成本及损耗。大宗商品现货的可交割性也各自不同，而且围绕交割还会产生一系列其他问题：交割时更容易被"逼仓"（Squeeze），交割时收货方要面临仓储问题及法律法规问题（如环境法），交割时交货方面临将商品运送到交货地点的运输问题。大宗商品现货无法做空，所以也无法进行动态对冲（Dynamic Hedging）。相较而言，金融现货交易的摩擦相对较少，金融期货与金融现货的联系也更为紧密。

（二） 大宗商品期货市场

大宗商品期货市场的组成部分包括大宗商品期货交易所（Commodities Exchange）、清算机构（Clearing House）、监管机构（Regulator）及交易者（Trader）。交易者分为三类：对冲者（Hedgers）、投机者（Speculator）和套利者（Arbitrageur）。他们交易着期货市场的产品，期货合约（Futures）。期货合约与远期（Forward）合约非常类似，只是期货合约是在交易所场内交易的标准化合约，而远期合约则是场外（Off Exchange）交易的买卖双方一对一的定制合约。

由于期货交易所对大宗商品进行集中交易，所以能够汇集来自各方的信息。而交易中买卖双方之间的信用风险，则可以通过交易所的保证金（Collateral）制度来消除。在交易所进行期货交易需要缴纳保证金，而且保证金余额会随着仓位（Position）盈亏而调整。如果保证金因为头寸损失而降到预设水平，交易所就会发出追加保证金通知（Margin Call），要求头寸损失方补充资金。这些操作的具体执行，则通过清算机构（Clearing House）来完成。

监管机构对大宗商品交易实行监管职能。由于大宗商品期货交易发源于农产品交易，美国的大宗商品期货监管最初也就由农业部来执行。随着外汇和国债等金融期货品种的发展，美国国会在 1974 年成立了商品期货交易委员会（Commodity Futures Trading Commission, CFTC）来进行专门的期货监管。中国的期货市场则由中国证券监督管理委员会监管。

（三）大宗商品交易所演化

最早的商品交易是以货易货的现货交易。随后，在18世纪的日本和美国都出现了远期交易。美国芝加哥发展出各种农产品远期合约，而英国伦敦则发展出金融远期合约。为了将定制的远期合约标准化，纽约在1842年成立了纽约棉花交易所（New York Cotton Exchange，NYCE），芝加哥在1848年成立了芝加哥商品交易所（Chicago Board of Trade，CBOT）。为适应各自实体经济的需要，各国纷纷设立交易所，其中不少都是商品期货交易所。中国的商品期货交易所包括上海期货交易所、大连商品交易所和郑州商品交易所。中国的商品期货交易所交易量通常很大，但交易的品种多为中国本土的地方性商品。

同一种大宗商品可因不同质量划分而在不同的交易所上市。经常被引用的原油价格就有两种。芝加哥商品交易所（CME）旗下的纽约商品交易所（New York Mercantile Exchange，NYMEX）上市的WTI期货合约，其标的是美国西得克萨斯原油。国际原油交易所（International Petroleum Exchange，IPE）上市的布伦特原油（Brent）期货合约的标的则是北海原油。

早期的交易所在成立之初基本都采取互助合作（Mutual）的组织形式。这种非营利的会员所有制形式，是在早期交易技术下很自然的组织形式（Steil，2002）。早期的大宗商品期货交易完全由交易员操作完成，这时候的交易"系统"也就由交易员以及对交易员交易行为进行治理的规则组成。交易所如果离开了交易员就仅仅剩下一个空壳而已，因此也就很自然应该由交易员来管理。而且因为交易员本身即交易系统，交易所也无法像今天这样分离出一个独立的"交易系统"向交易员出售。

不过，这种俱乐部式的互助组织形式不利于交易所进行融资，因此限制了交易所的扩张。

随着技术进步尤其是网络技术的进步，交易发生了根本性变化。

在电子网络上，交易者更像一家公司的"客户"而不是一个组织的"会员"（Steil，2002）。电子交易系统能够被独立出来而成为一个商品。交易所可以将电子交易系统的入口向交易员出租，从中收取服务费。电子交易系统使得交易所能够独立于交易员而存在，并成为提供交易服务的营利性商业组织。20世纪90年代之后，随着计算机和网络技术的成熟，大批另类交易系统（Alternative Trading System，ATS）开始兴起，也在客观上迫使传统的交易所引入公司治理模式，实施以盈利为目的的公司化改革。公司制改革扩展了交易所的融资渠道，促进了持续至今的跨区域、跨市场的交易所并购潮。

理论上对流动性的一些研究也支持交易所的并购行为。Madhavan（2000）认为由于交易活动的网络外部性（Network Externality），理论上所有交易应该集中到一个市场来完成。从市场角度看，如果某个交易市场有成本优势，那么该市场更低的买卖价差就会吸引更多的交易量，从而使得交易整合于该市场。从交易角度看，流动性会吸引流动性，这种正的外部性会导致交易都在一个交易所发生。但现实中，各种因素（交易员的多样性、上市规则的不同、订单的捆绑和交易量的大小等）都会对交易集中产生限制，这种简单的预测因此并未实现（White，2013）。

发展至今，世界上主要的大型交易所有芝加哥商业交易所集团（Chicago Mercantile Exchange，CME Group）、洲际交易所（Intercontinental Exchange，ICE）、伦敦金属交易所（London Metal Exchange，LME），以及中国的上海期货交易所、大连商品交易所和郑州商品交易所。其中，芝加哥商业交易所在2007年将长期的竞争对手芝加哥期货交易所（Chicago Board of Trade，CBOT）收购，在2008年将纽约商业交易所（包括New York Mercantile Exchange，NYMEX和COMEX）收购。

二、大宗商品市场结构

大宗商品期货市场由交易所、清算机构、监管机构及交易者组成。大宗商品市场交易的产品为期货合约，其基础资产为大宗商品现货。

（一）大宗商品分类

大宗商品一般分为如下几个大类：能源、谷物、软商品、家畜和金属。Tang 和 Xiong（2012）对在美国上市的交易活跃的大宗商品期货品种进行了较为详细的描述。在他们的分析中，能源类的大宗商品期货有 4 种，分别是 WTI（西得克萨斯原油）、燃料油、汽油和天然气；谷物类大宗商品有 9 种，分别是玉米、芝加哥麦、堪萨斯麦、明尼苏达麦、大豆、豆油、豆粕、大米和燕麦；软商品是热带作物，包括咖啡、棉花、糖、可可、木材和橘汁；家畜类大宗商品有 4 种，包括牛、瘦肉型猪、活牛和猪腩；金属类大宗商品有 5 种，包括黄金、白银、铜、铂和钯。

世界上很多国家都有自己的商品期货交易所，对本地的大宗商品产品进行交易。这些本土的大宗商品期货产品大体也可归属于上述几大类。

（二）市场参与者

期货市场参与者分为三类：对冲者（Hedgers）、投机者（Speculator）和套利者（Arbitrageur）。

最早的对冲者多为生产者，比如农民。农民会试图通过期货合约而将农产品的价格风险转移给投机者。为鼓励投机者入场做交易对手方，对冲者需要付出风险溢价。对冲者还可以是大宗商品消费者，比如航空公司和制造商。由于航空公司的运营成本中燃油占比非常高，为管理燃油价格上涨的风险，航空公司经常会在期货市场做多原油来进行对冲。

投机者是期货市场最多的参与方，在为市场提供流动性和保证供求均衡方面起到非常重要的作用。投机者对待价格风险的态度与对冲者完全相反。投机者会对商品价格的波动与方向形成判断，并试图从中获利。因为没有现货仓位，投机者的损益与大宗商品期货价格的波动直接相关，所以会特别关注商品价格的变动。而对冲者对大宗商品价格在未来的变动并不会关心。他们在现货市场天然就有仓位，因此利用期货合约来锁定利润或成本，以消除价格风险。

套利者与投机者相似，参与商品期货市场的目的是获利。但是套利者并不对商品价格做方向性判断。套利可以通过跨期（时间套利）、跨空间（空间套利）、跨品种（品种套利）或基差套利（期货与现货间套利）实现。以基差套利为例，当期货呈现远期溢价（Contango）时，套利者可以在现货市场购买现货并储存，同时在期货市场以同等量做空。当期货合约到期后，套利者对现货进行交割，完成自己的义务。当期货价格高于现货价格时，套利者在去除仓储费用、利率、运输和保险等成本之后的利润就是无风险利润。

大宗商品市场还有其他参与者，如期货交易所、监管者和清算机构等。此处不再赘述。

（三）市场分割及低相关性

在 21 世纪初金融投资者大量进入之前，大宗商品市场与其他金融市场相对分割。因此，大宗商品价格与股票价格没有什么相关性（Gorton，Rouwenhorst，2006）。不仅如此，大宗商品不同品种之间也是分割的。这种相关性的缺乏就为投资者在投资组合管理中提供了分散风险的手段（De Roon et al.，2000）。当投资者认识到大宗商品与其他金融资产表现出的低相关性之后，就开始大量进入大宗商品市场，造成了大宗商品金融化的发展。

三、大宗商品市场价格的历史表现

由于全球许多大宗商品市场供求紧张以及需求缺乏弹性，价格波动长期以来一直是大宗商品市场的一个主要特点（UNCTAD，2012）。

实践中，大宗商品价格主要由基本供求决定，而其中起决定性作用的则是大宗商品的供给周期。供给周期的产生是因为大宗商品有较长的开采周期，从勘探到开采，往往需要数年乃至十几年。而资源类公司的投资决策又往往滞后，不会在价格上涨之初就加大投资，而是要看到足够强的价格信号之后才会树立信心。这就造成供求失衡的持续恶化，直至价格暴涨。等到资源类公司开始加大投资时，商品的高价格可能已经开始压低需求。新投资的产能就会因为需求下降而过剩，从而打下价格暴跌的基础。这样，因为供求周期及较小的价格弹性，大宗商品就很容易形成价格的暴涨和暴跌。

原油价格的波动就体现出典型的供给周期推动的规律。20 世纪 50 年代和 60 年代，原油需求因为战后重建及随后经济的快速增长而大幅上升。但此阶段原油价格反而下跌，原因就是供给方面原油的产量增长更快。低价格促进了原油的消费，但也降低了原油公司在勘探与开采方面的投资。这样到了 70 年代，原油供给的增速开始下降，而需求则持续增长。随后，石油输出国组织在 1973 年因为战争而决定实施原油的出口禁运，减少了国际市场的原油供给。原油价格因此暴涨，9 个月间翻了两番。油价的上涨带来新的投资。原油公司开始加大投资，不仅开发了传统产油区如墨西哥和苏联地区，而且投资开发了北海和阿拉斯加等新领域的油田。到了 80 年代，当全球原油需求因为高油价而开始下降时，70 年代的投资却已经开始转化为新产能，增加了原油供给。油价因为供求失衡开始下跌，并在整个 80 年代和 90 年代都维持着宽幅震荡的弱势。这再次打击了原油公司的投资热情，整个行业陷入长期缺乏投资的状态，并最终带来 2001 年之后原油价格的再次暴涨。而从 2011 年开始的原油价格下跌，同样是由原油供给的增大造成的。不一样的是，美国页岩油起到主要推动作用。美国页岩油巨大的储量及灵活的生产，则意味着此次原油价格的疲软可能持续很长时间。

UNCTAD（2012）认为，大宗商品金融化是造成大宗商品价格波动加剧的根本原因。

（一） 大宗商品长期价格表现

大宗商品因为上一轮的价格暴涨而引起包括投资者、政策制定者及公众在内的各方关注。而一度盛行的所谓大宗商品超级周期的说法也缘于这次暴涨。不过，更长期的价格历史表明，大宗商品表现出低收益率与高波动率的特征，因此并不具备资产配置的吸引力。

Simon‐Ehrlich 之赌在大宗商品领域被广为引述，即反映了上述大宗商品价格特征。Julian Simon 和 Paul Ehrlich 在 1980 年对铬、铜、镍、锡和钨五种金属未来的实际价格走势以 1000 美元为赌注下注。Simon 认为人类社会的创造力能够带来经济生活的持续提高，因此认为大宗商品的实际价格会随着时间而下降。而 Ehrlich 则认为人口增长会对地球资源带来日益增多的压力，因此认为大宗商品的实际价格会上升。结果是，在他们赌注约定期间五种金属的实际价格全部下跌，因此 Simon 获胜。

分析时间更长、更为严谨的研究表明，在过去 150 年间大宗商品表现并不佳，主要是实际收益率低（甚至为负）而波动率高。例如，国际货币基金组织的 Paul Cashin 对 1862～2002 年的数据进行了分析，发现在扣除通胀后，工业金属的实际价格平均每年下跌 1.3%。而且自 1971 年布雷顿森林货币体系瓦解后，工业金属价格开始出现频繁的波动，且在 20 世纪 90 年代之后波动加剧。哥伦比亚大学 Jose Ocampo 得出类似结论，即使在上涨周期，大宗商品的实际年均回报率也多低于 1%。

大宗商品与全球经济紧密相关。20 世纪之前的全球经济以农业为核心，而农产品的价格受供给周期的影响。1871 ~ 1895 年，农产品价格纷纷下跌，纺织纤维价格下跌了 40%，谷物下跌了 34%，糖、茶叶和咖啡则下跌了 46%（Saul，1985）。"一战"结束后也出现了由于生产过剩而造成的农产品价格下跌，这是因为战时需求拉升了周边国家农产品和其他原材料的生产。当战后需求下降，同时欧洲国家也开始生产这些农产品时，生产就过剩了。1913 ~ 1929 年，大宗商品价格平均下跌约 30%。

对原油来说，1962 ~ 2010 年，其平均每年实际收益率达 2.8%。但在这近 50 年间，原油价格波动巨大，经历了 20 世纪 70 年代的大涨、90 年代末的大跌，以及从 21 世纪初到 2010 年的大涨和从 2011 年至今的大跌。

基金管理公司 Thornburg 将大宗商品与其他金融资产进行比较。他们分析了 2013 年之前 30 年的数据，发现大宗商品实际年均收益率为 -2.9%，远远落后于其他任何一种资产。这里，他们定义的实际收益率为扣除通胀、管理费及各种税收之后的收益。这样来看，无论是与通胀相比还是与其他资产类别相比，大宗商品长期收益都不具有吸引力。

其实早在 1949 年，经济学家 Raul Prebisch 和 Hans Singer 就依据不同的逻辑，在理论上论证了大宗商品长期实际收益应该为负，即所谓的 Prebisch - Singer 假设。

Prebisch 将大宗商品生产国和使用国（即工业化国家）区别开来，认为由于采掘业的充分竞争，大宗商品生产国效率的提高会造成大宗商品价格的下跌，而工业化国家效率提高带来的成本下降则难以传导至产成品。这就造成大宗商品在扣除通胀后的实际价格长期下跌。Singer 认为，大宗商品需求的收入弹性低，不会随收入上升而得到相应增加，因此无法拉动价格。

Prebisch - Singer 假设尽管颇具争议，但与大宗商品长期的价格表现相符，在大宗商品研究中被广为引用。Erten、Bilge、Ocampo、Jose（2012）发现，在他们认定的大宗商品超级周期里，每一个周期中的非原油类大宗商品的平均价格都要低于上次周期的平均价格，从而认为这个结果支持 Prebisch – Singer 假设。

相较于其他金融资产如股票、债券和外汇，大宗商品的价格波动更高。大宗商品价格的波动主要由供给周期决定。对大部分大宗商品来说，供给端的投资周期都很长，一旦需求端出现外部冲击，供给端很难立刻进行调整，市场出清只能通过价格调整来实现。大宗商品因此具有高波动特点，这也是投资者通常不愿意投资大宗商品的原因。

（二）超级周期

自 20 世纪 90 年代末至 2008 年金融危机，大部分大宗商品都经历了年均两位数的实际价格增长，这一段时间被叫作大宗商品的"超级周期"（Super Cycle）。从 1998 年底至 2008 年 6 月 30 日，发展中国家日益增长的市场需求加上各种大宗商品多年来的投资缺乏终于造成新的供求失衡，原油价格上升了 1062%，铜价格上升了 487%，玉米价格上升了 240%（Johnson，Sharenow，2013）。大宗商品的超级周期普遍伴随着发展中国家的工业化和城市化。这样，经济活动带来的基于原材料的生产扩张被认为是推动大宗商品价格长期上涨的超级周期。由于中国在这种工业化和城市化活动中的突出地位，中国往往被认为是大宗商品超级周期的关键力量。

对大宗商品超级周期的认知可追溯到 19 世纪的 Clarke、Jevons、Tugan – Baranovski 和 Wicksell，他们认识到大宗商品价格可能存在长期的经济周期，但并没有给出明确的理论对之加以解释。

根据 Erten 和 Ocampo（2012）的理论，有关长周期的理论阐述发源于 Nikolai Kondratiev 和 Joseph Schumpeter。Kondratiev 最初的兴趣是用大宗商品价格、工业生产、利率和外贸来对 40～60 年的周期进行测度。后来他的兴趣转向为这些长波（Long Wave）提供解释。他对一系列商品（包括劳动力）从法国大革命到大萧条期间的 5 年移动平均价格画图，发现经济在一些期间总体上是停滞的，而在其他期间则是上升的（Schwartz，2010）。Kondratiev 还发现了农业生产的萧条与

经济停滞的相关性。这导致后来的经济学家刘易斯（Arthur Lewis）和
Rostow 认为长周期是农产品和原材料的特征。在 Kondratiev 对长波进
行的分析中，他去除掉战争、革命及黄金生产等外生变化，而是将技
术改变及资本积累等内生变量作为长波的主要推动力。Kondratiev 发
现，创新总是集中发生于经济下行的末期。

　　受 Kondratiev 影响，熊彼特也对经济长周期中的增长与衰退进行
分析，认为企业家是创新的源泉。在 Business Cycles（1939）中，熊
彼特发现了一些重叠的周期，长的 Kondratieff 周期大概持续 50 年，短
一些的 Juglar 周期持续 9 年左右，更短的 Kitchen 周期则持续 3 年左
右。他用创造性毁灭（Creative Destruction）理论来解释 Kondratieff 周
期，认为技术创新会带来新的投资机会及新行业，从而产生经济增
长。而老的、过时的行业将衰败。新兴行业创新带来的经济转型先是
形成繁荣阶段，然后创新被各行业吸收并变得标准化，之后经济再进
入停滞阶段。

　　刘易斯认为，20 世纪以前的全球经济以农业为核心，商品的价格
周期就由农产品和工业品价格的反向关系决定。因为人类的生命周期
和农业生产单位的紧密关系，农产品（及其他原材料）的生产没有弹
性。农场的形成不具有连续性，而工业生产是持续扩张的，这就会造
成农产品的价格周期。工业生产及投资产生对原材料及工人对食品的
需求，从而推升了农产品价格。但是农民不会随着农产品价格上升而
线性地增加生产，而是等待价格上升一定时期之后，才会创建新的农
场，而从创建农场到可以生产出农产品还需要一定时间。这种周期性
的时滞往往造成农业生产产量集中上升并过剩，从而将农产品价格打
压下去。这样，工业生产由于原材料价格下跌从而使利润上升，并再
次扩张，从而加大对农产品的需求，并再次推升农产品价格。工业生
产和农业生产的这种交互关系就形成了农产品及其他原材料的价格周
期。这种对农业生产周期的刻画，实际上代表了大宗商品投资周期的
普遍规律。Rostow（1980）认为，所有初级原材料的生产都缘于能源
供给的无弹性以及原材料本身的特点。就像家庭农场一样，要提高原
材料的供给就要进行大量的低流动性投资。而且当最容易开采的原材

料被挖掘后，还需要更多的投入，成本也就随之增加，从而抑制了新投资，并形成刘易斯所描述的那样的周期。

大宗商品超级周期，一般被定义为涵盖很多种基础原材料的、持续几十年超出趋势性变动的扩张（Heap，2005）。Erten 和 Ocampo（2012）认为超级周期与微观经济因素造成的短期波动有两方面不同：首先，超级周期的时间更长，整个周期大概 20～70 年，其中上升周期通常为 10～35 年。其次，超级周期涵盖的商品种类广，主要为发展中国家工业生产和城市化所需要的原材料。Heap（2005）认定了两个大宗商品超级周期：由美国在 19 世纪晚期到 20 世纪初期的经济增长而引发的大宗商品的超级周期；欧洲战后重建及日本战后经济起飞引发的大宗商品超级周期。他认为这两个超级周期都是由一个或一组经济体在工业化过程中对原材料需求的迅速上升而造成的。他将 2008 年之前的这波大宗商品"超级周期"归为由中国持续的工业化和城市化的拉动。而这种需求拉动的周期则意味着大宗商品价格会因相互联动而产生正的相关性（Pindyck，Rotemberg，1990；Cuddington，Jerrett，2008）。

Erten 和 Ocampo（2012）将超级周期与 Prebisch – Singer 假设进行比较，认为超级周期分析的这种长期缓慢演变的趋势表明，初级商品相对产成品（Manufactured Goods）的价格下跌并非不可避免，而是一个依赖于全球需求趋势及技术革新的不断演变的动态过程。同时，在对这些长周期过程进行分析时，他们发现大宗商品每个周期的平均价格在整个 20 世纪都是下降的（而且下降很多），从而又支持了早先的 Prebisch – Singer 假设。

大宗商品普遍从 2011 年开始了此轮的下行周期，但是直到 2013 年还有不少评论支持大宗商品超级周期的概念。麦肯锡在 2013 年的一份报告中说："尽管大宗商品价格最近下跌，但是它们依然接近 2008 年全球金融危机爆发之前的水平……在全球经济持续低于增长潜力的今天，这个现象说明（大宗商品）超级周期依然完好。"不过，也有人发出谨慎的声音："末日博士"卢比尼在 2013 年的一个论坛（Inside Commodities Conference）上认为大宗商品的超级周期可能已经结束，并提出警告说，"大部分大宗商品的价格在未来两年可能更低而不是更高。"

Lane（2015）也认为，认定大宗商品市场的"超级周期"已经结束为时过早。与 Heap（2005）一样，他认为大宗商品的超级周期是由发展中国家尤其是中国快速工业化带来的需求推动的。

四、大宗商品期货与现货

投资者语境下的大宗商品，一般指大宗商品期货。而公众及政策制定者对大宗商品关注，往往是因为他们的日常生活受到了影响，这时候他们关注的则是现货，认为大宗商品现货价格上涨传导至消费品从而引发了通胀。

（一）大宗商品期货与现货价格的关系

从实证角度看，Bhardwaj、Gorton、Rouwenhorst（2015）发现，2005年1月至2014年12月大宗商品现货相对于期货的收益率比往年明显偏高，从而认为现货价格的高增长被投资者部分地预期并反映在期货价格中。他们还认为，这种现象与市场一致认为的亚洲对大宗商品的需求持续增长相一致。

Irwin 等（2009）认为短期内大宗商品的价格发现首先在期货市场发生，然后传向现货市场，但长期均衡价格则由现货市场的基本供求形成的买卖决定。Fattouh 等（2013）则认为期货价格反映的是对未来商品供求的期望。他们引用了 Peck（1985）的观点："预期在期货和现货市场几乎同样得到反映。这样，现货价格就和期货价格几乎一样好地可以用来预测随后的现货价格。" Alquist 等（2012）也指出并没有很强的证据说明原油期货价格能够帮助预测现货价格。Irwin 等（2009）最后得出结论说，指数基金通过推升期货价格而推升大宗商品现货价格的说法是不成立的。

（二）信息发现、期货现货关系

大宗商品期货的交易可以提供价格信号，并引导大宗商品的供求。通过期货的价格信号渠道，大宗商品期货市场的交易能够影响大宗商品的需求以及现货价格。

但是，由于市场分割，信息摩擦在大宗商品市场普遍存在，Singleton（2011）认为投机交易者彼此各异的观点可能导致投机性交易在投机者之间发生，从而造成价格偏离基本面，最终形成泡沫。他据此认为，投资者的资金流动对原油期货产生影响。而这种影响来源于信息摩擦，而非便利收益的变动。

Garbade 和 Silber（1983）用 VAR 计量方法来分析期货与现货价格，发现超过一半的新信息先是被期货市场吸收，然后再传导至现货市场。

Hu 和 Xiong（2013）发现东亚国家的股市对美国交易的铜和大豆期货的滞后价格做出了正向反应，因此认为美国的大宗商品期货价格为东亚的股票市场提供了信息。而大宗商品市场与股市的联动，则是大宗商品金融化的特点之一。

Cheng 和 Xiong（2013）分析商品生产者的行为，认为当市场中存在观察不到的冲击及噪声交易时，商品期货价格中的信息作用可能抵消成本作用，从而形成商品需求的正的价格弹性。这样，当商品价格上升时，需求反而上升。

五、大宗商品市场交易行为：投机与过度投机

投机被 Webster 词典定义为"购买土地、商品、股份等，预期在更高价格卖出，或因预期在更低的价格买回而卖出；预期价格波动而交易，而不是预期从零售和批发价格之差或者不同市场价格之差获益。"对投机的这种定义，核心就是交易的动机是预期从价格自身的

波动来获益。

Webster还引用了一些经济学家对投机的说法。亚当·斯密说，"事实上，被称为投机的交易，有时会在这些地方创造突然而来的财富。"FA Walker则说，"投机，当限制在适当的范围时，能够促进供求平衡，从而使得价格波动不会太突然。"

对于大宗商品投资者尤其是对冲基金来说，投机并不是一个负面的词。这与对冲基金行业奉行的文化有关。比如赚钱（Make Money）就是对冲基金行业通行的行为准则。这样，投机作为一种"赚钱"的模式，本身就没有道德尤其是法律方面的对错判断，也就成为对冲基金接受的一个中性词汇。一家专业投资大宗商品的对冲基金Mount Lucas的基金经理在一次论坛上就以"我是一个投机者"作为开场白。

对于大多数公众和政策制定者而言，投机则更多被赋予负面含义，而且带来政策方面的影响。

由于对投机的不同解读，所以在大宗商品金融化的研究中，要对投机（Speculation）的概念进行澄清。但学术上对"投机"一词也缺乏统一的定义与认识。投机在大宗商品期货投资市场是与对冲（Hedging）相对的概念。美国的期货交易委员会为对冲交易者（Hedger）做如下定义："……以与其在现货市场的仓位相反的方向在期货市场进行交易；或者暂时以期货市场交易来替代本来想在现货市场进行的交易……"相应地，其对投机者（Speculator）的定义为："以对价格走向判断来盈利，而不做对冲的交易者"。

Working（1960）对投机进行了广泛深入的讨论，认为投机是"商业上必要的风险承担"。他对投机的定义是："以盈利为目的而非以生产及销售为目的，持有净多仓或净空仓"。Kilian 和 Murphy（2011）对投机做如下定义："从经济学角度，不为现期消费而是为了未来的消费而进行的购买行为"。这隐含着对价格在未来上升的预期。

Working（1960）认为过度投机（Excessive Speculation）是"超出对冲需求的投机"。在对原油期货市场进行的研究中，Kilian 和 Murphy（2011）认为过度投机为"超出原油市场正常运行的投机"，或者"对投机者个人来说是有益的，而对社会来说是无益的"。但是，他们认为市场是用来衡量过度投机的指标，如期货持仓量与现货交易量之比以及 Working 的 T 值（投机仓位与对冲需求仓位比）等都不合理。因此，他们得出结论，现实中并不存在具有可操作性的过度投机的定义。

Cheng 和 Xiong（2013）首先列举了通用的对冲、投机和过度投机的定义，认为对冲通常被定义为交易者在期货市场交易以降低其自身固有业务的现金流风险，而投机则为在期货市场上交易以从价格变动中获益。对过度投机，他们沿袭了 Working（1960）的定义。他们指出市场上通常用 Working 对 T 值作为过度投机的指标——高的 T 值或者高的 T 值波动率被认为是过度投机。他们还指出 Working 的 T 值作为过度投机指标的背后是假定对冲仓位总体上是外生的对冲需求，而 T 值的变化则被投机仓位驱动。

Cheng 和 Xiong（2013）对上述概念及现实研究中对上述概念的两种量化方式都进行了批评，认为现实中非常难以区分投机与对冲。现实研究中的两种做法之一是将大宗商品期货市场的交易者分为对冲交易者和投机交易者，然后将对冲交易者所有交易都归为对冲交易，将投机交易者的所有交易都归为投机交易。他们认为这种做法忽略了商业对冲交易者（Commercial Hedgers）在期货市场上交易的不同动机。他们认为对冲交易者的交易超出了对冲商业风险的范围。现实中的两种做法之二是将对冲交易者的交易视为外生的和固定的。但他们引用现有研究（Cheng, Xiong, 2013）表明投机交易者并不仅仅是相互之间在交易，而是投机交易者和对冲交易者之间发生了交易。他们认为这可能是对冲交易者试图利用自身的信息优势。

Cheng 和 Xiong（2013）认为，在现实中所有交易者在边际上似乎都在试图进行从价格变动中获利的交易活动。他们因此认为更好的分析交易活动的方式是从流动性入手，分析谁提供流动性，谁消耗流动性，以及每个交易者承担的这两种角色在不同时期的相互转换。

Stoll 和 Whaley（2010）认为指数基金是一种以分散风险为目的但只做多的被动投资方式，因此不应该被认为是投机。而 Irwin 和 Sanders（2010）引用巴克莱的一项调查指出，指数投资者至少有些仓位带有投机的属性。

第三篇　金融化实证

第九章 经济金融化实证分析

本书对金融化的实证分析主要围绕金融与实体经济的关系展开。学术界早期的研究认定了金融与实体之间的正相关性。随后的研究使用工具变量来测试因果关系。部分研究集中于美国银行业放松监管对美国各州经济的影响。

在 Kindleberger 等（2011）及 Minsky（1986）对金融脆弱性/周期进行论述后，尤其是在 2007～2009 年全球金融危机后，Reinhart 和 Rogoff（2008）及 Jordà 等（2010）对长达百年的数据进行了系统性分析，佐证了 Kindleberger 等（2011）及 Minsky（1986）对金融周期的刻画，并且初步在金融与实体经济之间建立了联系。Jordà 等（2010，2016）突出了银行资产、信贷及货币在"二战"后的快速增长，并提出金融化的概念（他们的数据没有包括影子银行数据，因此对经济的金融化可能有所低估）。

本篇的实证研究部分主要针对前述理论部分进行实证分析：一是美元（美元信用）在国际流动性及全球经济发展中的作用；二是金融化对经济波动的影响。

相应地，本篇在此部分的研究分为两个步骤：第一步是对经济的金融化进行分析，主要是"二战"前与"二战"后经济金融化的比较。第二步是对经济的金融化与实体波动进行实证研究。本文将重点论证上述理论部分的四个重点结论：①对美元在全球流动性（全球杠杆周期）起到的作用进行分析论证。②对国际流动性对中国杠杆的影响进行分析论证。③以欧洲四国为例，以经济景气度为指标，对国际美元信用对经济增长的作用进行分析论证。④对金融化（杠杆）对经济波动的冲击效用进行分析论证。

一、金融与实体关系的经验事实

金融与实体的关系存在两个方面的经验事实：一是"二战"前后各金融指标（货币、信贷和资产）表明"二战"后的金融化明显加大（见图 9－1）。二是"二战"后发达国家金融化的加深降低了发达国家实体波动，加大了金融市场的波动；但是金融化的发展积聚了实体经济的系统性风险，并造成最终的危机。但从全球范围来看，经济及金融危机在 20 世纪 70 年代之后发生得更为频繁了。

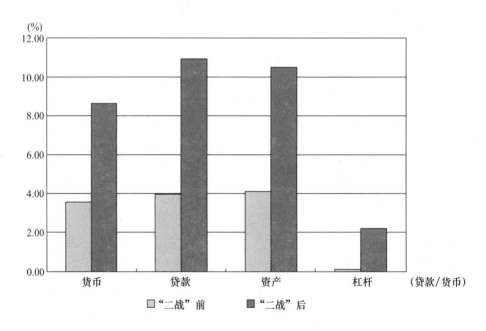

图 9－1 货币、贷款及银行资产增速

资料来源：Jordà, Schularick, Taylor (2010)。

（一）"二战"后金融化的加大

美国的数据表明：美国的银行业在 20 世纪 80 年代之前的资金几乎全部来自储蓄存款。80 年代之后基于资本市场的融资开始增加，在 2007 年金融危机开始爆发时达到高点（见图 9 - 2）。

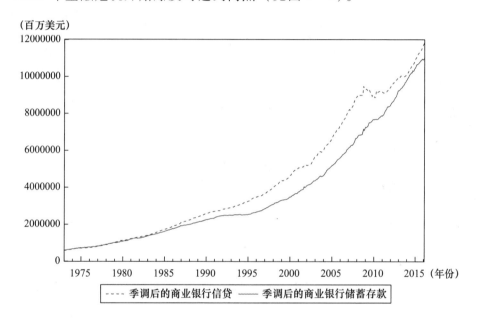

图 9 - 2　银行信贷与储蓄存款

资料来源：美联储。

（二）金融化对实体及金融市场波动的影响

金融与实体经济关系的另外一个经验事实，是在发达国家金融化加大后，发达国家实体经济的波动降低，但是其金融市场的波动上升（见图 9 - 3）。尽管发达国家实体经济波动降低了，但系统性风险却在积累，并最终形成低频率但幅度更大的危机型衰退。

但是如果放眼全球，将拉丁美洲金融危机、亚洲金融危机等考虑进去，可以看到金融化的加深尽管降低了发达国家高频周期的波动，却在全球范围内加大了金融危机发生的频率。

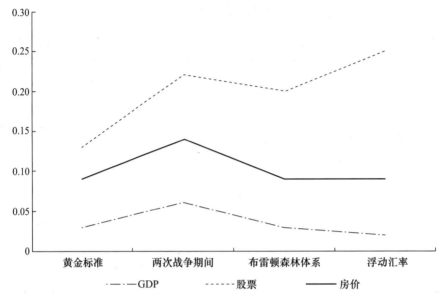

图9-3 波动率变化

资料来源：Jordà，Schularick，Taylor（2016）。

二、美元与国际流动性

在以美元为主导的国际货币体系中，美联储的货币政策对国际流动性产生了很大影响。当美联储推行宽松的货币政策，并导致美元贬值时，以美元计价的国际美元借贷上升。而当其他国家的经济主体借入低成本美元，并投资于高收益的本币资产时，他们就进行了套息交易。实证方面，如果将国际清算银行提供的"全球流动性指数"文件中的国际信贷数据作为国际流动性指标，来与美国对主要贸易国的汇率指数进行 VAR 分析，那么可以发现美元指数的变化会对国际流动性产生冲击。

首先，散点图表明，美元指数的季度变化与国际美元信用的季度变化存在一定的反向关系（见图9－4）。

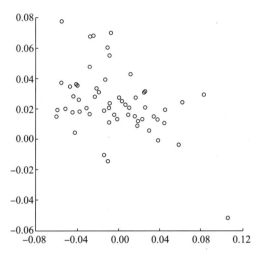

图9－4　美元指数与国际美元信用

资料来源：国际清算银行，Wind 资讯。

其次，对二者进行 VAR 分析，发现滞后 2 期及 4 期的显著性较高，故将滞后期选择为 4，结果（此处略去 F 值等详细检验结果）表明，美元滞后两个季度及四个季度的变化对国际美元信用的变化都有显著影响。计算脉冲响应函数，分析两者之间的短期动态关系，结果如图9－5 所示。

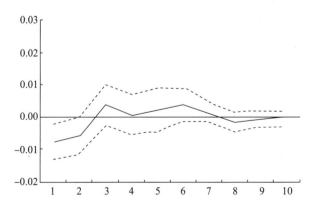

图9－5　美元指数与国际美元信用的脉冲轨迹

资料来源：国际清算银行，Wind 资讯。

脉冲响应值轨迹图表明，当美元受到一个标准差的正向冲击后，会为国际美元信贷带来负面冲击，但冲击效应逐渐缩小，直至在第三季度之后开始转正。随后在第八个季度后再次转负，直至为零。

格兰杰检验的结果如表 9 - 1 所示。

表 9 - 1　美元指数与国际美元信用的格兰杰检验

格兰杰检验

日期：04/18/16 时间：18：01

样本：2001Q1 2015Q2

滞后：4

Null Hypothesis：	Obs	F - Statistic	Prob.
DLNUSD does not Granger Cause DLNUSDCREDIT	53	2.09418	0.0977
DITDLNUSDCREDIT does not Granger Cause DLNUSD		0.08975	0.9852

资料来源：国际清算银行，Wind 资讯。

格兰杰检验表明，美元指数的变化能够预测国际上美元信贷变化。而国际间美元信贷变化不能预测美元指数的变化。

三、国际美元信用与中国经济的杠杆

本书的一个核心观点是美元及美元信用在国际分工及发展中国家的经济发展及杠杆积累中起到重要作用。本节即以中国为例来分析国际美元信用对中国经济体杠杆的影响。美元信用所用的指标如前文所述。中国经济体杠杆的指标为非金融企业及居民信贷占 GDP 之比，数据来源于 BIS。

Cnlever 指标是中国经济体杠杆指标（非商业企业信贷 + 居民信贷 /GDP），而 Uscredit 指标为国际美元信贷的季度数据，来源于 BIS。协整检验（具体检验数据如 P 值等省去）表明二者存在协整关系，因此可以进行 VAR 分析。

对二者进行 VAR 分析表明，对于中国经济体杠杆的变化来说，滞后 1 期、滞后 2 期的杠杆及滞后 1 期、滞后 2 期的美国信贷数值都很显著。VAR 的脉冲分析结果如图 9－6 所示。

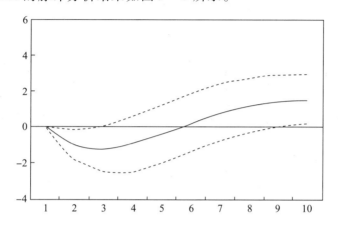

图 9－6 国际美元信用与中国杠杆的脉冲轨迹

资料来源：国际清算银行，Wind 资讯。

脉冲响应轨迹图表明，国际美元信贷一个标准差的正面冲击会在第 2、第 3、第 4 期为中国的杠杆带来负面冲击，但该冲击在第 5 期后就开始转正。

格兰杰检验表明，国际上美元信贷（或美元流动性）能够预测中国的杠杆率变化，如表 9－2 所示。

表 9－2 国际美元信用与中国杠杆的格兰杰检验

格兰杰检验

日期：04/19/16 时间：16：12

样本：2006Q1 2015Q2

滞后：2

Null Hypothesis：	Obs	F－Statistic	Prob.
CNLEVER does not Granger Cause USCREDIT	36	3.25799	0.0520
USCREDIT does not Granger Cause CNLEVER		7.98022	0.0016

资料来源：国际清算银行，Wind 资讯。

四、国际美元信用与欧元区经济景气度的 VAR 分析

由于美国的核心国地位及美元的国际货币地位，国际美元信用对全球各国的经济会产生影响。本节以欧元区为例，对国际美元信用与欧元区经济景气度的关系进行分析。本节国际美元信用数据来自 BIS，欧元区景气度指标来自 Wind 资讯。

对数据进行一阶差分后，消除了单位根。Duscredit 为差分后的国际美元信用数据，Deurecon 为差分后的欧元区经济景气指数。二者皆为稳定序列，对之进行 VAR 分析，结果表明，对于欧元区经济景气度指标来说，滞后 1 期的国际美元信贷及滞后 1 期及滞后 2 期的欧元区经济景气指标都很显著。VAR 分析的脉冲效应如图 9 - 7 所示。

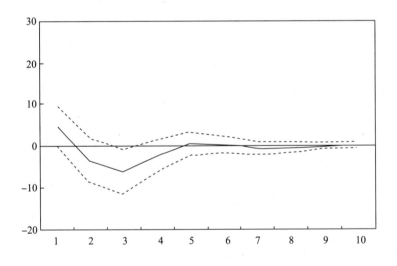

图 9 - 7　国际美元信用与欧元区经济景气度的脉冲轨迹

资料来源：国际清算银行，Wind 资讯。

脉冲响应轨迹图表明，国际美元信贷一个标准差的正面冲击会在第 1 期对欧元区经济景气度指标产生正面冲击，但在第 2、第 3、第 4 期该冲击则转为负面，并在第 5 期转为零。

格兰杰检验表明，国际上美元信贷（或美元流动性）的变化能够预测欧元区经济景气度变化，如表 9-3 所示。

表 9-3　国际美元信用与欧元区经济景气度的格兰杰检验

格兰杰检验

日期：04/19/16 时间：17：00

样本：2001Q1 2015Q2

滞后：2

Null Hypothesis：	Obs	F－Statistic	Prob.
DUSCREDIT does not Granger Cause DEURECON	55	3.70801	0.0315
DEURECON does not Granger Cause DUSCREDIT		1.45730	0.2426

资料来源：国际清算银行，Wind 资讯。

五、金融化与经济波动的面板数据分析

本书的另一个核心观点就是金融化（大宗商品的金融化及经济的金融化）会对实体（大宗商品及实体经济）的波动产生影响。本节在这方面的实证分析以私人部门债务/GDP 作为经济金融化的指标，以 GDP 波动作为经济波动的指标。其中私人部门债务/GDP 数据来自 BIS，GDP 数据来自 Wind 资讯。

数据中，gdpv 是法国（FR）、日本（JAP）、英国（ENG）和美国（US）的季度 GDP 增速滚动 15 年波动率，lever 是四国私人部门杠杆（债务/GDP）数据的差分。

对横截面数据进行 Hausman 检验（具体检验数据省去）表明该面

板数据具有固定效应。不适合使用简单的混合横截面模型，而需要使用固定效应的横截面模型。

固定效应模型结果（此处省去模型模拟结果细节）表明，杠杆变化对解释 GDP 波动具有显著性。杠杆指标的系数为负，表明杠杆加大后经济的波动降低，从而证明了金融化的加大能够降低实体经济的波动率。

第十章　大宗商品金融化实证分析

一、大宗商品金融化实证分析综述

关于大宗商品金融化的实证分析有以下几种思路与方法：

第一种思路是研究金融投资者持仓量与大宗商品价格的关系。Singleton（2011）发现投资者持仓变化与期货价格有关系，从而支持金融化假设。但是 Gilbert（2010）及 Tang 和 Xiong（2012）对其数据来源进行批评，认为应该根据指数投资者投资的目的来进行分类。Henderson、Pearson、Wang（2012）则使用 ECN 数据提供了大宗商品市场金融化的新证据。他们认为 ECN 数据能够生成更为明确的结论，因为 ECN 产品是针对特定大宗商品，而且 ECN 产品在定价日的对冲交易可以当成对大宗商品期货市场的外生性冲击。

第二种思路是从收益率的相关性出发来研究金融化的影响。也就是对大宗商品期货与其他金融资产收益率的相关性，以及不同大宗商品价格之间的相关性进行研究。这种研究思路的基础是投资者进行资产配置，从而会在大宗商品期货和传统资产类别之间进行替换，并买入或卖出大宗商品。Tang 和 Xiong（2012）运用的就是这种思路。这种思路认为金融化会造成大宗商品期货与其他主要资产类别价格变动的相关性增大，而且被编入指数的大宗商品价格之间的相关性要高于与那些没有编入指数的大宗商品价格的相关性。Buyuksahin、Haigh、

Robe（2008）则对之进行批评，认为大宗商品与其他资产类别的相关性尽管增大了，但是依然低于投资者开始大量进行大宗商品投资之前的高点。

二、大宗商品金融化实证分析

本篇从资产配置角度研究大宗商品金融化，以论证金融化后的大宗商品期货是否依然适合作为投资组合的一部分。这是大宗商品市场与其他传统金融市场是否依然具有分割性的问题，也是大宗商品期货风险溢价的商品特定风险属性问题。而从实证角度看，需要对大宗商品期货价格的波动性及其与传统金融资产如股票、债券的相关性进行研究。

相应地，本篇的实证研究就采取第二种思路，也即遵循 Tang，Xiong（2010）及 Gorton 和 Rouwenhorst（2006）的思路对大宗商品期货价格波动性以及大宗商品期货价格与其他资产价格的相关性进行研究。波动率和相关性是决定一个资产类别在资产配置中的吸引力的最重要考虑，因为资产配置的核心是分散风险。

此部分研究相应地分为两个步骤：第一步是对金融投资者的投资行为也即金融化程度进行分析。这不是本篇实证研究的重点，因此将重点引用已有研究。第二步是对大宗商品价格与其他金融资产类别的价格表现进行波动率及相关性分析。

大宗商品金融化程度

CFTC 最新的 COT 报告（Commitment of Traders）显示，自2010 年以来，具有代表性的各主要大宗商品品种的持仓量多处于平稳或上升趋势。与此同时，全球 GDP 增长及全球贸易的增长都大幅低于长期增长趋势，因此可以排除大宗商品持仓量的增长来自实体经济活动的增长。结合 Buyuksahin 和 Robe（2008）之前的分析，可以得出结论，大宗商品的金融化程度在数据范围（2006 年 6 月 20 日至 2015 年 12 月 29 日）处于进一步加强的态势（见图 10 - 1）。

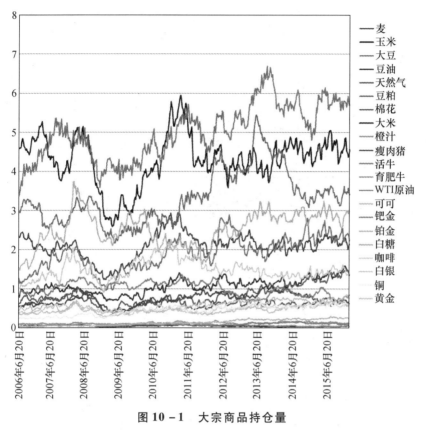

图 10 - 1 大宗商品持仓量

资料来源：彭博。

三、大宗商品指数收益率分析

（一）数据说明

本篇所用大宗商品指数数据为同等权重大宗商品指数月度收益率

指数。大宗商品综合指数（同等权重）收益率历史构建如下：其中
1959 年 7 月至 2007 年 12 月的数据来源于 Gorton 和 Rouwenhorst
（2006）（nber. com 中的 data 部分），2008 年 1 月至 2016 年 3 月的数
据来源于同等权重的大宗商品 ETF（代码 GCC，共 17 个大宗商品品
种，大类构成如图 10 - 2 所示）。

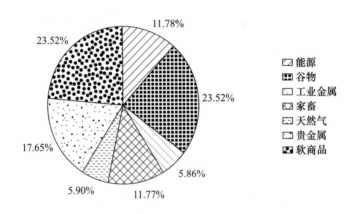

图 10 - 2　GCC 大宗商品 ETF 品种构成

数据来源：Wisdomtree. com。

（二）大宗商品指数收益率及波动率表现

大宗商品综合指数历史收益率表现出明显的波动率集群现象，所
以用 AR 模型不能进行准确拟合，可以考虑用 GARCH 模型建模。对大
宗商品综合指数历史收益率数据进行的单位根检验表明其为平稳序
列，而且从自相关和偏自相关图来看，该序列服从 AR（2）过程。在
进行了 AR（2）拟合后，其残差表现出聚集效应（见图 10 - 3）。

从 AR（2）拟合的残差可以看出，大宗商品月度收益的波动率在
20 世纪 60 年代和 90 年代均较低。而这两个时期都是美国 GDP 增长
波动较小的时期。AR（2）建模后的异方差测试表明该残值序列表现
出异方差，因此需要用 ARCH 或 GARCH 对原序列进行拟合。各测试

参数的比较（此处略去测试细节）表明，用 GARCH 模型更优。

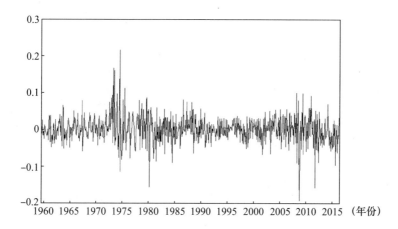

图 10 - 3　GARCH 模拟残差

资料来源：Gorton，Rouwenhorst（2006），etftrend. com。

由 GARCH 模型得到的条件标准方差结果如图 10 - 4 所示。大宗商品月度收益率在 20 世纪 70 年代和 80 年代及 21 世纪初波动率较高。而在 20 世纪 60 年代及 90 年代的波动率较低。以调节方差为代表的大宗商品波动现在正处于上升期。

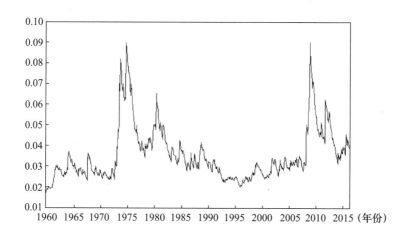

图 10 - 4　大宗商品指数拟合波动率（条件标准差）

资料来源：Gorton，Rouwenhorst（2006），etftrend. com。

四、相关性分析

对大宗商品指数与传统资产类别进行波动与相关性分析。此处传统资产类别选择标普 500 指数、美国高收益债券指数及上证指数进行检验。

(一) 大宗商品指数与上证指数的相关性分析

大宗商品指数月度收益率数据来源如上所述。上证指数收益率来自 Wind 资讯。二者共同的分析数据区间范围为 1991 年 1 月至 2016 年 3 月,如图 10 - 5 (a) 所示。

散点图表明,整个数据区间内二者之间没有明显的相关性。但是在 2001 年 1 月至 2016 年 3 月的数据区间,二者的相关性明显加强。

在整个样本区间,大宗商品指数与上证指数的相关性为 0.14。大宗商品金融化之后,2001 年 1 月至 2016 年 3 月,大宗商品指数与上证指数的相关性上升到了 0.3,如图 10 - 5 (b) 所示。

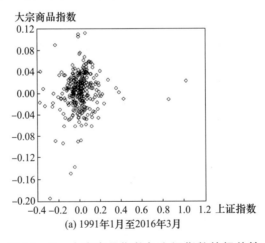

(a) 1991年1月至2016年3月

图 10 - 5 大宗商品指数与上证指数的相关性

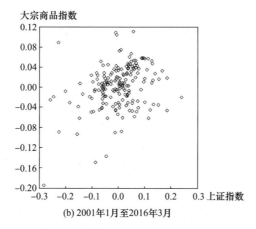

(b) 2001年1月至2016年3月

图 10 - 5　大宗商品指数与上证指数的相关性（续图）

资料来源：Gorton，Rouwenhorst（2006），etftrend. com，Wind 资讯。

（二）大宗商品指数与标普 500 指数的相关性分析

大宗商品指数月度收益率数据来源如上所述。标普 500 收益率来源于彭博。二者是所考察几类资产类别中时间期限最长的，而二者相关性变化也更为明显（见图 10 - 6）。

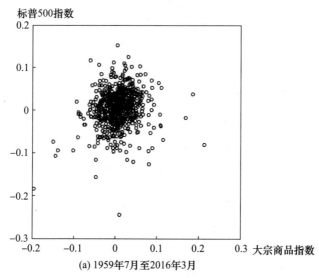

(a) 1959年7月至2016年3月

图 10 - 6　大宗商品指数与标普 500 指数的相关性

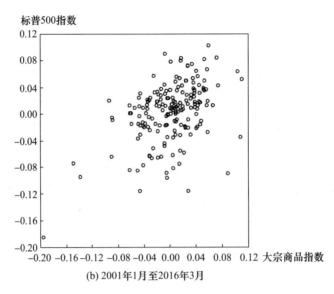

(b) 2001年1月至2016年3月

图 10 - 6   大宗商品指数与标普 500 指数的相关性（续图）

资料来源：Gorton，Rouwenhorst（2006），etftrend.com，Wind 资讯。

从 1959 年 7 月至 2016 年 3 月的全样本数据来看，大宗商品与美国标普 500 指数月度收益率的相关性不高。全样本期间，二者相关性为 0.17。2001 年大宗商品金融化之后，大宗商品与标普 500 指数的相关性得到加强。该期间，二者相关性提高到 0.45。二者之间相关性的提高与上证指数类似。

综合以上分析，自 2001 年大宗商品金融化以来，大宗商品自身的波动率提高了，而大宗商品与传统股票与债券的相关性也都得到了显著提高。

（三）大宗商品指数与高收益债指数的相关性分析

大宗商品指数月度收益率数据来源如上所述。美国高收益债指数收益率来自彭博。由于高收益债市场是较新的市场，于 20 世纪 80 年代由 Michael Milken 发展起来，所以指数的历史也较短，从 1997 年开始。这样，两个阶段（全样本以及 2001 年 1 月至 2016 年 3 月）期间，大宗商品与高收益债的相关性变化不大（见图 10 - 7）。

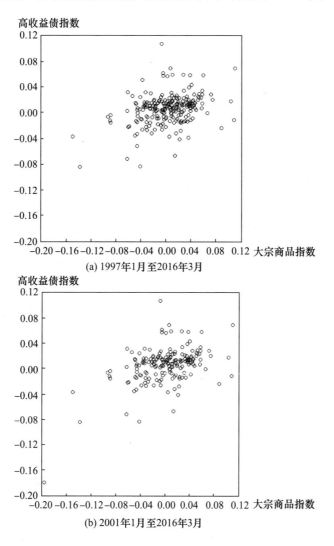

图 10 - 7 大宗商品指数与高收益债的相关性

资料来源：Gorton，Rouwenhorst（2006），etftrend. com，彭博。

从 1997 年 1 月至 2016 年 3 月的全样本数据来看，大宗商品与美国高收益债表现出较高的相关性。全样本期间，二者相关性为 0.44。2001 年大宗商品金融化之后，大宗商品与高收益债的相关性得到加强。该期间，二者相关性提高到 0.47。

（四）大宗商品指数与传统资产的 VAR 分析

大宗商品指数、美国标普 500 指数、中国上证指数和美国高收益债指数均有 1997 年 1 月至 2016 年 3 月的历史数据，这些数据具有平稳性，因此可以对之进行 VAR 分析。对四组数据进行的 VAR 分析表明，对大宗商品月度收益来说，滞后 1 期的大宗商品以及滞后 2 期的高收益债都比较显著；对标普 500 指数来说，滞后 2 期的标普 500 指数比较显著；对高收益债来说，滞后 2 期的大宗商品指数，滞后 2 期的标普 500 指数以及滞后 1 期的高收益债指数都比较显著，如图 10 - 8 所示。

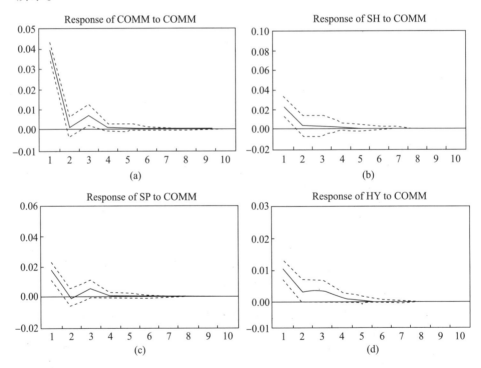

图 10 - 8　大宗商品指数、标普 500 指数、上证指数及

美国高收益债指数的脉冲轨迹

资料来源：Gorton，Rouwenhorst（2006），etftrend.com，彭博，Wind 资讯。

脉冲响应值的轨迹图表明，大宗商品指数收益率在受到一个标准差的正向冲击后，上证指数、标普 500 指数及高收益债指数的月度收益率都会受到正面冲击，但这些冲击都在 2 期迅速下降，并于 4 期下降至零。

（五）股市上升及下降时大宗商品指数与传统资产的相关性

对风险的分析，传统上是以标准差作为指标。而标准差最大的特点是向上与向下的对称性。这种分析在很大程度上符合投资者效应函数的设定，也即投资者对波动率是厌恶的。

但是，对投资者风险偏好的这种对称性分析，可以进行修正。以股市为例，以相关性作为风险指标，投资者对风险的关注在股市向上时与向下时是不同的。在股市向上时，投资者并不需要分散风险（反而可能需要集中风险）；而在股市向下时，投资者最需要能够找到一个与股市相关性低（甚至负相关）的资产类别来分散下行中的股市风险。大宗商品指数尽管在完整周期内与传统风险资产的相关性较低（Gorton，Rouwenhorst，2006），但是对股市向上及向下分别进行分析时可以发现，大宗商品与股市的低相关性恰恰是在投资者最不需要的时候（股市向上）最低，而在投资者最需要分散风险的时候（股市向下）最高。本节即对大宗商品指数与股市之间相关性的这种特性进行分析。本节以标普 500 指数作为传统风险资产的代表。

图 10 - 9 表明，在标普 500 指数出现大跌时，大宗商品指数与标普 500 指数的相关性都急剧上升。这样，大宗商品就在投资者最需要的时候丧失了分散风险的作用。

对标普 500 指数月度收益率（sp）及大宗商品指数与标普 500 指数的滚动 12 个月相关性（corr）数据进行单位根检验，发现二者都没有单位根，因此可以对之进行 VAR 分析。

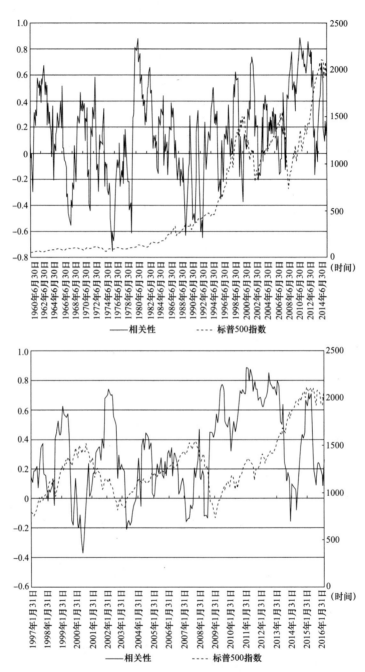

图 10 - 9　大宗商品指数与标普 500 指数的相关性及标普 500 指数

资料来源：Gorton，Rouwenhorst（2006），etftrend. com，Wind 资讯。

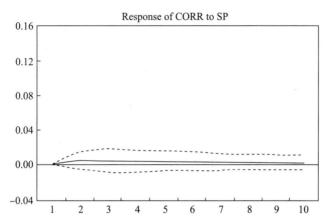

图 10-10 月度收益率与相关性 VAR 分析的脉冲轨迹（全样本期间）

资料来源：Gorton，Rouwenhorst（2006），etftrend. com，Wind 资讯。

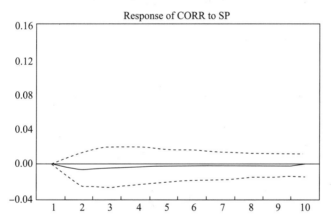

图 10-11 月度收益率与相关性 VAR 分析的脉冲轨迹

（2001 年 1 月至 2016 年 3 月）

资料来源：Gorton，Rouwenhorst（2006），etftrend. com，Wind 资讯。

　　图 10-10 是对全样本（1960 年 6 月至 2016 年 3 月）的数据进行的 VAR 分析，脉冲轨迹图显示，当标普 500 指数收益率受到一个标准差的正面冲击时，对大宗商品指数与标普 500 指数的相关性是正向的。但是如果对从 2001 年 1 月至 2016 年 3 月，也即大宗商品金融化之后的样本进行同样的分析，图 10-11 则显示，当标普 500 指数受到一个标准差的冲击后，对相关性的冲击变为负向。这也就说明了大宗商品金融化加强了股市向下时大宗商品指数与股市之间的正相关性。

五、以原油为例的分析

本文以 WTI 原油期货为基础对大宗商品金融化及影响做进一步分析。原油是基础能源，是大宗商品市场最具代表性，也是交易量及交易范围都很大的一个期货品种。研究原油具有很强的代表性。本文对原油的分析重点在于金融化的发展及金融化的冲击方面。

（一）原油（WTI）的收益率基本分析

对 WTI 原油期货月度收益率数据进行单位根检验以及自相关及偏自相关的检验，发现该数据序列为平稳序列，而且适合使用 AR（1）过程进行拟合。AR（1）拟合后的残差表明，WTI 原油月度收益波动率在 2007～2009 年金融危机发生后至今总体维持高位（见图 10-12）。

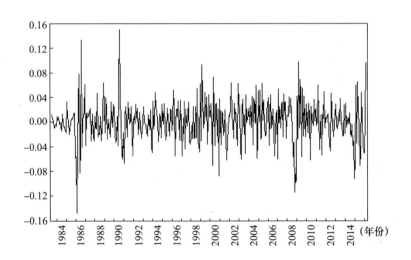

图 10-12　原油月度收益率 AR（1）拟合后的残差

资料来源：Wind 资讯。

对 AR（1）拟合的异方差测试显示该序列存在异方差，因此用 GARCH 建模。GARCH 模型拟合后的条件标准方差如图 10 - 13 所示。

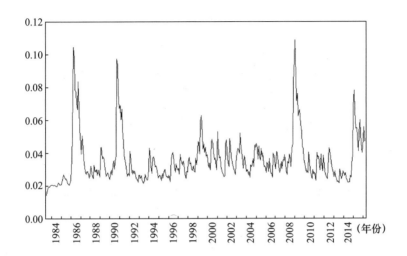

图 10 - 13　原油月度收益率 GARCH 拟合后的波动率（条件标准差）

资料来源：Wind 资讯。

WTI 原油期货月度收益波动率在 1986 年、1991 年、2009 年及 2014 年出现大幅跳升。

（二）原油（WTI）的金融化分析

原油的非商业投资者仓位与总持仓之比可以被认为是金融投资者（非商业投资者）在原油期货市场的力量。因为本文的目的是分析金融投资者在期货市场的参与度，而不是他们对某一期货品种的方向性观点，因此此处指标为两种市场参与者的多空仓位之和（Gross），而不是净（Net）仓位。事实上，对相关性进行分析，该指标的变化与原油波动率变化的相关性是其他各项指标（如多仓仓位等）中最高的。该比值在 20 世纪 80 年代大幅下降，90 年代在低位保持稳定。但自 2001 年开始，该比值开始稳定上升，并且于 2013 年 9 月开始再次出现一波明显的上升（见图 10 - 14）。

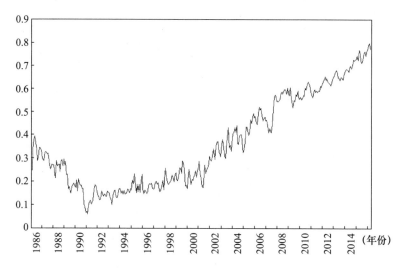

图 10 - 14　原油非商业持仓

资料来源：Wind 资讯。

（三）原油（WTI）的金融化对波动率的影响

基于 WTI 原油期货交易数据，以非商业仓位占总仓位之比作为原油金融化指标，可以分析 WTI 原油期货市场金融化与 WTI 期货价格波动率之间的关系。对从 1986 年 2 月至 2016 年 3 月的月度数据进行绘图，如图 10 - 15 所示。

从图 10 - 15 可以看出，非商业持仓占比在 20 世纪 80 年代持续下降至 90 年代初，然后又开始出现整体上升的趋势。而原油月度收益的波动率也开始从 1999 年 2 月波动上升，并于 2006 年之后进入 50% 之上的高位。尽管在 2014 年至今的原油价格下跌中，二者走势发生背离，但是整个期间二者的相关性高达 0.89。

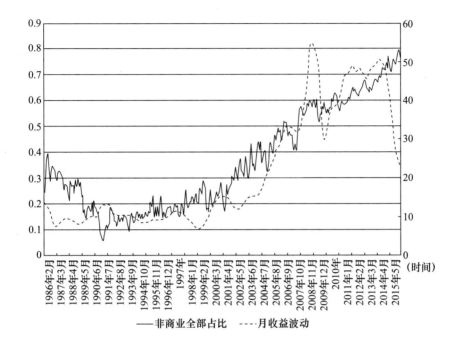

图 10 – 15 原油非商业持仓

资料来源：Wind 资讯。

金融投资者与原油波动性之间可能存在互动关系，也即金融投资者更高的参与度可能会引发原油价格的更高波动，而原油价格更高的波动也可能会引发金融投资者对原油市场的更多参与。以对冲基金为例，他们的交易策略通常被称为做多波动率，也即交易策略会受益于价格波动率的上升。因此，原油收益波动的上升可能会吸引更多大宗商品对冲基金的参与。

这种互动关系在格兰杰检验中（见表 10 – 1）得到体现。非商业持仓占比对原油月度收益波动率（13 个月滚动波动率）的预测性非常显著；而收益波动率对非商业持仓占比的预测性也非常显著。

对波动率和非商业持仓占比的月度变化率进行 VAR 分析，得到脉冲轨迹如表 10 – 1 所示。

表 10 - 1　原油非商业持仓与原油月度收益波动率的格兰杰检验

格兰杰检验

日期：04/15/16 时间：13：24

样本：1986M2 2016M03

滞后：2

Null Hypothesis：	Obs	F - Statistic	Prob.
NONCOMM does not Granger Cause VOL	360	11.0203	2. E - 05
VOL does not Granger Cause NONCOMM		3.76542	0.0241

资料来源：Wind 资讯。

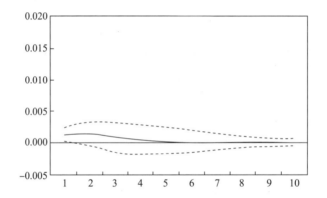

图 10 - 16　原油非商业持仓与原油月度收益波动率脉冲轨迹

资料来源：Wind 资讯。

从图 10 - 16 脉冲响应函数的轨迹可以看出，非商业仓位占比变化率的正向冲击对收益波动率带来正向冲击，而且冲击第 6 期下降为零。

第四篇　金融化应对

第十一章　政策建议：宏观审慎监管

随着金融创新的发展，资本市场在全球金融体系中的位置越来越重要，为信用创造提供了越来越多的资金。这样，传统的信用（杠杆）周期、投资（供给）周期与经济周期的互动，就因为资本市场的参与而得到进一步强化。融资来源向资本市场的扩展也为货币政策增加了信用传导机制。在当今"信用时代"的金融体系中，宏观审慎监管就变得非常必要。2007～2009 年的金融危机就很清楚地表明了这一点，各国也因此加强了对宏观审慎监管的重视。本文在上述经济的金融化与经济波动的理论研究基础上，基于信用（杠杆）对实体经济波动及对货币政策传导的重要性，建议实行盯住信用及资产价格的宏观审慎监管。本书相应地对金融监管及宏观审慎监管进行论述。

金融监管主要分为微观审慎（Microprudential）、宏观审慎（Macroprudential）及消费者保护（Consumer Protection）三部分。宏观审慎的概念及框架比较新，1986 年才首次公开出现（Clement，2010）。

实践中，可以说货币及监管当局早就实施了宏观审慎的做法。在较早时期对金融体系严格管控的框架下，美国曾有很长时间在事实上实践着现代意义上的宏观审慎监管，而亚洲一些国家的宏观审慎监管则一直持续到今天。

发达国家对宏观审慎监管的放弃始于 20 世纪 80 年代。当时，在新古典经济学理念的指导下，发达国家开始推行金融自由化及监管放松。格林斯潘在 1987 年担任美联储主席后，监管层进一步加强了对有效市场的信念，对泡沫普遍采取了事前忽略事后收拾残局的态度。

在这样的环境下，针对信贷及杠杆的宏观审慎政策在实践上和理论上都没有生存的土壤。

发达国家的这种监管理念影响颇广。在 2007～2009 年金融危机前，全球金融监管都将重点放在了对银行实行资本金要求的微观审慎监管上。几乎所有国家的金融监管在设计上都是为了确保每家银行能够有足够的稳定性来对抗资产损失（Squam Lake，2009）。微观审慎是局部均衡概念，强调了个体机构的安全，而忽略了机构间的互动。微观审慎监管对周期下行时的系统性风险，以及上行时信贷的过度扩张及资源的错配都监管不足。

但是危机中银行体系容易陷入合成谬误（Fallacy of Composition），也即每家银行为了维持自身偿债能力而独自采取的措施都是理性的，但是在整体上却对系统稳定性产生损害。对一家银行来说，在风险上升时出售资产是一种谨慎的行为。但如果所有银行同时出售资产就会造成资产价格崩溃，迫使金融机构进一步出售资产，从而形成资产甩卖与价格下跌的正反馈。这会导致资产价格的普遍下跌以及各资产价格的相关性和波动率的上升，也即风险的上升。银行这种风险管理行为就会在金融系统内生性地产生风险，需要宏观审慎监管。

公司治理方面，银行的资产估值以及风险管理模型都被要求以市场价格为基础进行。投资者非常重视银行的信用评级，而评级则与资产价格正相关，这都加大了资产市场价格波动的重要性，强化了风险的内生性。

从结构上看，投机性信用的迅速增长会助长资产泡沫，并不利于实体经济增长，需要进行数量控制（Werner，2012），这也对宏观审慎监管提出要求。

一、金融需要监管

在传统经济学中，监管的存在有三个原因：①限制垄断力量对竞争的扭曲，维护市场的完整性；②在很难获取信息、信息获取成本很高以及信息错误会严重损害福利时，保护普通公众的基本需求；③当市场失败带来的社会成本超过企业个体的私有成本以及监管的额外成本时，消除外部性（Brunnermeier et al.，2009）。

金融则特别需要监管。金融尤其是银行体系对经济的正常运行非常重要，而金融又有天然的脆弱性。金融机构的破产具有很大的外部性，可以通过传染而削弱其他金融机构乃至整个金融体系。其中银行的脆弱性和外部性尤其大。银行业危机为社会带来的成本总是巨大的而且超过对单个金融机构的私有成本，因此通过监管来将这些外部性内部化（Brunnermeier et al.，2009）。

金融机构的外部性会发生在信心、信息、交易、流动性及信贷收缩等方面。当一家银行倒闭时，市场会猜测其他有类似业务的银行也会倒闭，从而产生传染。这就是信心的负外部性，在2007~2009年金融危机时表现得尤为明显。当贝尔斯登和雷曼出现问题后，市场开始猜测摩根士丹利、美林和高盛等投行也有相同的问题。而银行的倒闭会导致银行拥有的关于客户私有信息的丢失，从而使得这些客户难以在市场上进行新的融资，形成信息及融资的负外部性。银行与其他金融中介还会有很多交易，一旦倒闭就会对交易产生影响，形成交易的负外部性。如果资产价格下跌导致金融机构出售资产，而引发资产价格的进一步下跌，从而形成自我加强的循环，降低了流动性，就会形成流动性的负外部性。银行遇到危机时，会通过提高抵押品率等措施来限制对信贷的发放，从而引发去杠杆。这种去杠杆带来信贷收缩，从而影响产出和资产价格，并增大违约概率，从而造成信贷的进一步紧缩，形成循环，也就是说信贷收缩带来了负的外部性。

金融监管就是要让私人部门内部化自身行为的外部性，也就是要对私人部门为追求利润而自然产生的激进行为进行限制。

二、宏观审慎监管

尽管各国在历史上曾经长期实施过事实上的宏观审慎监管措施，但宏观审慎依然是一个较新的框架，理解上也难以达成共识。Elliott等（2013）认为宏观审慎监管在概念上尚未有清楚的定义。Elliott（2011）认为宏观审慎是对传统的宏观经济政策和传统的微观审慎（安全和稳定）监管之间的空白进行填补。在概念上，宏观审慎是在一般均衡的意义上，将金融体系作为一个整体来实行的监管。实践中，宏观审慎与其他政策领域的边界常常比较模糊。很多宏观审慎工具，如监管指导和对承销（Underwrite）的限制，在本质上属于法规范畴，因此模糊了消费者保护与金融稳定的界限。其他宏观审慎工具，如对准备金的要求则会影响货币政策。而房屋抵押贷款抵扣等工具则属于财政政策范畴。

对宏观审慎政策的一个共识是将之进行结构性（Structural）和周期性（Cyclical）政策的划分。结构性政策是针对那些跨周期的、始终会影响金融稳定的风险，比如大而不能倒的银行以及货币市场基金等。银行的挤兑风险就是天生的始终存在的风险。周期性政策则针对那些起起伏伏周期性发生的风险，如信贷和杠杆推升的资产价格泡沫等。周期性的宏观审慎政策会对资本金和其他安全垫做弹性要求，在周期上行时的要求更高，以强化金融系统来应对资产价格下跌及去杠杆时可能带来的冲击。信贷的过度增长往往被认为是资产泡沫得以发展的核心条件（Schularick，Taylor，2009），很多国家的央行和银行监管者因此将控制信贷增长作为宏观审慎政策的核心，这就属于结构性宏观审慎政策。

逆周期的宏观审慎政策，不同于经济下行时的刺激政策及危机应对政策，但可与之配合。当信用恐慌发生时，宏观审慎政策会放松信贷条件并鼓励信贷发放，从而起到应对危机的作用。实践中，很多国家的央行都有明确的金融稳定责任的授权，因此施行事实上的宏观审慎政策。宏观审慎政策会涉及众多部门及多个市场参与者，因此需要更多的政策协调。

对宏观审慎政策与货币政策进行界定，可以认为以管理信贷增长或资产价格为手段，来追求更好的宏观经济表现的政策措施都属于宏观审慎政策。

三、系统性风险

系统性风险（Systemic Risk）通常是指因为某种共同的冲击或传染而导致的很多或全部金融机构的崩溃（Allen et al.，2010）。宏观审慎监管的核心就是防范系统性风险并实施逆周期的监管。系统性风险由金融机构之间的风险传染而形成。

现代金融体系更多的是建立在资本市场基础上，融资条件受资本市场环境的影响更大，风险也更容易传染。不仅是投资银行等金融机构依赖资本市场融资，传统的商业银行也因为储蓄存款灵活性的不足，而在扩张信用时边际上使用来自资本市场的资金（如商业票据及回购协议等）。资本市场融资还因为被广泛认为能够增加流动性而得到鼓励。流动性风险的传染则是生成系统性风险的重要因素。

在对系统性风险的研究中，Herring 和 Wachter（2001）及 Reinhart 和 Rogoff（2009）发现，房地产市场价格崩盘是造成历史上多次金融危机中金融机构系统性崩溃的主要原因。Allen 和 Gale（2000b）及 Freixas 等（2000）认为，金融机构传染风险的多米诺骨牌效应是造成系统性风险的原因。多米诺模型（Domino Model）指的是当金融机构之间存在借贷关系时，一家金融机构的违约导致其债权机构违约；而该债权机构的违约再导致其自身债权机构的违约，从而依次传递下去。多米诺模型将资产价格固定在原始成本上，所以只有违约发生才会对资产负债表产生冲击。该模型因此不适用于基于逐日盯市制度

（Mark to Market）的、以资本市场融资为主的现代金融体系。

2007～2009年的金融危机之后，学术界开始大量研究由于融资流动性（Funding Liquidity）对风险传染（Contagion）而造成的系统性风险。金融机构的个体风险，主要是因期限错配（Maturity Mismatch）而造成的流动性风险。流动性风险中的融资流动性指获取新的融资的难易程度；而市场流动性（Market Liquidity）则是指出售资产的难易程度。流动性风险可以通过传染而形成系统性风险。现代金融市场的创新与发展突出了融资流动性与风险传染重要性。一方面，金融创新发展出大量CDS等信用衍生品，并被各金融机构普遍持有；另一方面，金融机构越来越依赖资本市场的批发融资（Whosale Finance），从而加大了对融资流动性风险的暴露。

如果金融机构融资遇到障碍（比如抵押品率提高或受到信贷约束），同时出售资产要产生较大折扣（市场流动性变差），就会发生融资短缺（Funding Shortage）。当金融危机发生时，金融机构往往会出现流动性（Liquidity）问题或偿付能力（Solvency）问题。原则上，政府应该只救助那些遇到临时流动性问题的机构。而那些出现根本性的偿付能力问题（资不抵债）的金融机构则应该破产。但流动性问题与偿付能力问题在危机时往往交织在一起，而且流动性问题还可能进一步导致偿付能力问题。

流动性可能会因为一些看似很小的冲击而突然消失。这是因为期限错配与市场流动性问题的叠加可能会造成融资流动性的突然消失。现代的金融市场中，金融机构普遍依赖短期贷款或回购协议作为资金来源，因此需要不断地对负债进行展期。而抵押贷款的抵押品率（Haircut）每天都可以调整，就很容易形成流动性风险。企业融资流动性的很多问题，本质上都可视为抵押品率上升的问题。一个企业的债务无法展期，就等同于抵押品率被提高到100%。而一个基金被投资者赎回，也相当于提高了基金负债的抵押品率。在市场流动性正常时，企业可以通过出售资产来化解风险。但是如果市场流动性也出现问题，企业就会受到负面冲击。

金融机构之间的流动性风险可通过各种途径传染，包括违约、抵押品循环（Margin/Haircut Spiral）及损失循环（Loss Spiral）等。

在以资本市场为主的逐日盯市的金融体系下，资产价格的崩溃或抵押品率循环（Margin/Haircut Spiral）可能会导致损失循环（Loss Spiral）。

资产价格大幅下跌产生的损失，会降低金融机构的融资流动性，迫使它们抛售资产，进一步打压资产价格，从而形成正反馈的损失循环。而杠杆会放大金融机构的损失，逐日盯市则使得市场参与者的行为同步。

抵押品率循环也能造成损失循环。抵押品率隐含着能够最大使用的杠杆，而杠杆具有顺周期性。当资产价格下跌时，VaR 等风险测度会上升，从而导致抵押品率及外部融资成本上升，并导致银行风险偏好下降及去杠杆。资产价格循环和抵押品率循环都会迫使杠杆投资者去杠杆，带来更大的损失和更高的抵押品率及更为紧缩的信贷标准，从而形成一个正反馈过程。当市场参与者同时都在去杠杆时，流动性就消失了（见表 11 - 1）。

表 11 - 1　抵押品率在金融危机中的变化

回购协议的抵押品率（%）		
有价证券	2007 年 4 月	2008 年 8 月
美国国债	0.25	3
投资级债券	0 ~ 3	8 ~ 12
高收益债券	10 ~ 15	25 ~ 40
股票	15	20
高等级银行贷款	10 ~ 12	15 ~ 20
夹层银行贷款	18 ~ 25	35
高等级房屋抵押贷款支持证券	2 ~ 4	10 ~ 20
资产支持证券	3 ~ 5	50 ~ 60

资料来源：IMF Financial Stability Report（2009），Adrain，Shin（2007）。

Adrian 和 Shin（2007）给出了杠杆顺周期的证据。杠杆的顺周期性意味着资产价格的变化会引发供求变化，从而加大冲击。资产价格上涨时，净值（Equity）上升速度比资产价格上升速度更快，杠杆因此下降。机构这时可能会增加融资来购买更多资产，从而以恢复杠杆的方式维持高的股东回报。资产价格崩溃时，抵押品率大幅上升，机构必须出售资产或增发新股来去杠杆，但二者都非常困难。实践中金融机构更多采取出售资产的方式来应对危机（Adrian，Shin，2007）。Stein（2010）在大甩卖（Fire Sale）模型上附加一个事前的资本结构的选择来解释这种现象。如果短期负债成本低于银行股权成本，银行融资就会选择短期负债以免受到股东制约。金融机构因此会事前维持很薄的资本缓冲垫，而在危机发生后选择缩减资产而不是增加股权融资。

传统的监管思路（如《巴塞尔协议》）聚焦于资本金，并根据资产风险的高低来决定对资本金的要求。资本金是保护债权人、吸收资产损失以保证金融机构的偿付能力的安全垫。这种思路认为，只要每个机构都能保持偿付能力整个金融系统就会稳固。

现代金融体系则需要新思路。在市场融资的现代金融体系下，风险可以在金融机构之间很快传染，并形成正反馈的循环，从而带来系统性风险。融资流动性和市场流动性都是经济系统内生性现象，因此可能产生正反馈，这些特点在美国得以体现。在向以资本市场为基础的金融体系的转变中，美国走得最快也最彻底，建立了逐日盯市制度及对市场很敏感的风险管理体系。美国金融体系的融资流动性也由资本市场的环境支配。这些市场特点扩大了2007～2009年发生的美国银行业危机。

四、历史上的宏观审慎监管

2007～2009年金融危机发生后，各国开始实施监管改革，加强了对宏观审慎监管的讨论与实践。实际上，在20世纪70年代及80年代的新自由主义思潮发展之前，发达国家在历史上一直都进行着现代意义上的宏观审慎监管。而亚洲一些国家的宏观审慎监管则一直持续至今。这些国家实施过的事实上的宏观审慎监管措施主要集中于信贷管理领域，在英美被称为信贷控制，在泰国被称为信贷计划，在日本、韩国和中国则被称为窗口指导（Werner，2012）。本节重点对美国的宏观审慎监管历史进行回顾。

美国在"二战"后的金融抑制（Financial Repression）阶段以及更早时期，曾经大量使用宏观审慎监管措施。这些阶段包括 20 世纪 20 年代的股市泡沫、30 年代的房地产市场萎靡、"二战"和朝鲜战争期间的通胀、50 年代的房地产市场繁荣、60 年代的信贷危机、70 年代的通胀以及 80 年代的银行和储蓄机构（Bank and Thrift）危机。美国曾经使用过的宏观审慎政策工具包括对股票市场杠杆（保证金率或 Stock Margin）的限制、贷款与价值比（Loan to Value，LTV）的限制、贷款期限的限制、信贷控制（包括信贷增长限制、特别准备金要求及对特定信贷增长的惩罚）、利率管制等。90 年代之后，美国出于理念的转变而终止了所有宏观审慎的监管措施。

从效果来看，这些阶段的宏观审慎政策大多实现了短期目标，而其中以紧缩信贷为目标的宏观审慎政策最为有效（Elliott et al.，2013）。宏观审慎的长期效果则没有定论。

实践中，宏观审慎政策由于涉及众多领域，并不一定能获得广泛的政治支持。美国历史上的宏观审慎监管也就多为临时性的应对措施，而非对监管法规的永久性改变。

（一） 针对信用的宏观审慎监管

1. 信贷控制（Credit Control）

信贷控制是对承销标准（Underwriting Standards）进行管理，对贷款期限及 LTV（Loan to Value）做出限制。信贷控制既是对借款人（Borrower）的保护，也是对贷款人（Lender）的审慎保护。

美国在信贷控制方面经历了从极紧的信贷约束，到逐渐放松，到相机抉择管理，再到放弃控制的过程。

美国早期（19世纪）的信贷监管主要针对房地产市场。按今天的标准看，美国当时对房屋抵押贷款的限制性规定可谓极其苛刻，而对全国性银行的信贷监管又更加严格。

1863年，美国通过国家银行法案设立全国性银行，但以期限错配为由禁止其发放房屋抵押贷款。直到1913年，全国性银行才被授权为农场提供抵押贷款，但有严格限制：期限不超过5年，LTV不能超过50%；而且一家银行提供的贷款总额不能超过资本金的25%或定期存款的1/3。1916年，全国性银行的贷款范围扩展到了城市房地产市场，但期限不能超过1年。1927年，城市贷款期限被延长至5年，而且贷款额度被放松至存款的50%。美国对州立银行及建筑与贷款协会的监管相对宽松。州立银行的LTV通常被设为50%~60%，期限为3~5年。建筑与贷款协会的LTV可达2/3，期限可达11~12年。

信贷控制在20世纪30年代被用于刺激美国房地产市场。1935年的美联储法案修正案将全国性银行的房屋抵押贷款时间期限放松至10年，同时将LTV放松至60%。而对联邦住房管理局（Federal Housing Administration，FHA）保险过的贷款，国会则设定了80%的LTV、20年的期限及6%的利率。1938年，为了进一步对房地产市场提供支持，国会将贷款条件进一步放松至90%的LTV，25年的期限及5.5%的利率。

信贷控制还被用于调节（刺激或压制）消费。1934~1937年，FHA为了刺激消费而对高达20%的房屋装修贷款提供保险，期限长达5年，利率上限为9.7%。1934~1942年，电气化房屋和农场局（Electric Housing and Farm Authority）为消费者购买家用电器提供贷款，首付为5%，期限为36个月，利率上限为10%。但是从1941~1952年，美国为了战争及周期管理开始限制消费信贷。1941年8月，为节省国防原材料的消耗，美联储对所有放贷机构实施监管，控制对汽车等耐用消费品的贷款。1948年9月，美联储为抑制通胀而再次实行对耐用消费品贷款的控制。1949年，当美国经济活动开始减缓时，美联储放松了一些限制信贷的条款，并于1949年6月放弃了信贷管制。1950年，朝鲜战争爆发后，美国再次实施了信贷管制。

信贷控制在 20 世纪 50 年代则被用于限制房地产市场的过度繁荣。1954 年，美联储宽松的货币政策带来了房地产市场的繁荣。到了 1955 年，美国房地产市场的贷款数量、房地产价格以及房屋新开工等均大幅上涨。房地产市场的繁荣还刺激了消费信贷和商业信贷的繁荣。为防止泡沫发生，FHA 和 VA 提高了对房屋抵押贷款首付的要求，并将贷款期限从 30 年降至 25 年。美联储纽约分行还对商业银行提出警告，对房屋抵押贷款的仓库贷款（Warehouse Lending）进行约束。

1969 年，为控制通胀，美国国会通过信贷控制法案，给予美联储前所未有的控制信贷的权力。但是尼克松总统对该法案有保留意见，认为"……如果使用的话，会使得国家向直接控制经济迈向一大步，会削弱财政和金融纪律的意志"。其他的反对者还认为，信贷控制对资金渠道丰富的高收入阶层根本无效，只会在事实上造成对低收入者的歧视。不过美联储对信贷控制表示支持，认为限制特定行业信贷的过度增长可以限制它们对经济稳定的威胁。

但是到了 20 世纪 80 年代，美联储转而反对信贷控制，认为信贷控制的效果有限，却为社会带来很高的成本。1982 年，美国国会通过 Garn - St Germai 法案废除了对 LTV 和贷款期限的限制。

美国在实施信贷控制时，给出的理由是为了控制通胀，但实际上是宏观审慎的操作。中国针对房地产市场周期而出台的各项针对首付款等的详细标准划分和规定，实际上也属于宏观审慎监管。

2. 对资产组合的选择性控制（Selective Credit Control on Portfolio）

美联储在历史上还多次以自发约束（Voluntary Restraints）的措施来控制总体信贷增长。

1947 年，美联储对银行提出自发约束要求。美国银行家协会随后组织了 15000 家商业银行对信贷扩张进行了自发的限制。

朝鲜战争期间，美联储要求金融机构自发限制投机性的非生产性贷款。对投机的判断标准基于两点，一是看贷款目的是否为正常业务，二是看贷款数量是否与正常业务相当（Federal Reserve Bulletin，1951）。

20 世纪 60 年代末至 70 年代初，美联储为保卫美元汇率采取了一系列措施。当时，美国在海外的投资、援助及军费开支带来了美元的贬值。美联储于是在 1963 年实行了利率同等税（Interest Equalization Tax）以打击对海外的证券购买，在 1965 年推出自愿海外信贷约束计划以降低资本的净流出。1968 年，美国国会授权美联储实施强制性的信贷控制。但由于银行很配合，美联储选择了延续银行自愿政策。

1980 年，卡特总统推出特别信贷约束计划（Special Credit Restraint Program），将货币供给增长目标限制在 6%～9% 的目标范围内，然后要求金融机构相应控制信贷增长。该信贷约束计划主要针对消费领域的信用卡贷款及投机性贷款，而对汽车贷款、房屋抵押贷款和房屋装修贷款等实施了保护。

3. 股票保证金率要求（Stock Margin Requirements）

对股票保证金率进行限制，就是对投资者能够使用的杠杆进行限制。股票保证金率有顺周期性，当市场大幅下跌时，保证金率会大幅上升，迫使杠杆投资者平仓，从而导致市场进一步下跌。为防止该风险，美国在历史上多次实施过股票保证金的周期管理。

1929 年美国股灾发生后，美国国会在 1934 年通过《证券交易法》，将股票保证金的设定权从交易所转交给美联储，以防止"在购买和持有有价证券时过度使用信贷"。美联储根据两个原则来调控股票保证金率：一是要考虑到信贷整体情况；二是要有股票价格的迅速上涨（Federal Reserve Bank of Richmond，1953）。美联储在随后的 40 年间根据市场波动情况，对股票保证金率进行了 23 次调整。

第一次调整发生于 1936 年。针对当时股市活跃度的增加，美联储将保证金率从 45% 提高到了 55%，并将银行贷款纳入保证金率的限制范围。1945 年，当美国股市再次活跃时，美联储则将股票保证金率从 40% 一路上调到 100%。美联储对保证金政策很认可，"通过对保证金进行控制，在过去造成经济波动的股市中过度融资被控制住了。信贷造成的股市繁荣及随后不可避免的灾难式的崩溃基本上被消除掉了"（The Federal reserve systew，It's Purpose and Functions，1947）。到了 1974 年，美联储认为由于股票对信贷变化的敏感度降低，股票保证金率已不再有效。美联储于是将股票保证金率固定在 50%，不再做新的调整。

随后，每次股市出现大幅波动时，市场都会呼吁对股票保证金率进行调整。1987 年美国股市暴跌后，美国证券委员会和纽约证券交易所都认为对股票保证金进行调整能够有效控制股市波动，而过低的保证金率会增加市场波动（Kupiec，1998）。20 世纪 90 年代互联网泡沫时期，一些经济学家也呼吁美联储限制股票保证金率（Shiller，2000）。格林斯潘对此持反对意见，认为融资信贷在股票市场占比并不高，而且投资者通过衍生品本来就能得到足够杠杆（Greenspan，2002）。

学术上并没有证据表明保证金率的管理能够降低股市波动或限制股市繁荣。Kwan（2000）使用格兰杰检验，认为没有证据表明 1971 ~ 1999 年美国股票市值的增长是由融资信贷导致。其他一些研究也认为调整保证金在降低股票市场波动方面没有效果（Kupiec，1998）。Federal Reserve Bank of Richmond（1953）也认为没有清楚的证据表明保证金率管理是决定股票价格或新股发行的决定性因素。

（二）与货币政策有关的宏观审慎监管

1. 准备金管理

准备金是货币政策工具，但因为能直接对信贷供给产生影响，所以也属于宏观审慎政策工具。事实上，政策制定者调整准备金率也往往以控制信贷供给为目的。

美国的准备金制度是 19 世纪时一些州为保证州立银行的流动性而设立的。但准备金制度在美国早期的银行业恐慌时并未发生作用。美国国会于是在 1913 年通过美联储法案，将美联储作为最后贷款人，以生成弹性货币（Elastic Currency）的方式来解决系统性的流动性缺失。1935 年，美国国会授权美联储对全国性银行及会员银行做准备金率要求，进行逆周期调节。但国会对金融机构的各种存款的法定准备金率都设置了上下限，美联储能够调整的范围其实很有限。1980 年的货币控制法案（Monetary Control Act）则将管理准备金的权力全部收归美联储。

美联储在 1936 年 7 月首次调高准备金率，1937 年 5 月将准备金率提高到了法定的最高点。随后，由于经济表现疲软，美联储在 1938 年与罗斯福总统的经济复苏计划相配合，小幅下调了准备金率。

"二战"期间，为战争融资成了各项政策的重点。美联储货币政策的自主权受到限制，也就更加依赖对准备金率的调节。1942 年，美联储对准备金率进行了 3 次下调。"二战"期间，美联储维持了准备金率的稳定。1948 年，美联储 3 次上调准备金率，直至法定最高点。1949～1951 年，美联储对准备金率进行了 9 次调整，于 1949 年进行了宽松，于 1951 年进行了紧缩。

1951 年后，美联储重新获得货币政策的独立性，准备金率再次成为美联储货币政策的补充工具，而非主要工具。美联储随后分别在 1966～1969 年、1973 年和 1979～1980 年提高了准备金率。

20 世纪 60 年代和 70 年代，银行业发展出新的资金来源：商业票据、欧洲美元、回购协议和大额可转让存单。这些金融创新削弱了准备金率对信贷控制的有效性。美联储于是对这些新工具也开始征收准备金：回购协议被等同于定期存款，被征收 6% 的准备金；银行海外分支机构新借入的欧洲美元被征收 10% 的边际准备金（并于 1970 年上调至 20%，然后于 1973 年下调到 8%）；银行发行的商业票据被征收 5% 的准备金。1973 年，为控制通胀，美联储将大额可转让存单和银行商业票据的边际准备金率从 5% 提高到 11%。1974 年，当经济开始减缓时，美联储又将这些边际要求消除。1979 年 10 月，美联储对银行批发债务（Wholesale Liabilities）增加了 8% 的边际准备金要求，并于 1980 年 3 月将之提高到 10%，又在 6 月降到 5%，在 7 月将之消除。1990 年和 1992 年，为了增加信贷可获得性，美联储降低了准备金要求。

2. 利率上限

利率上限是 20 世纪初期美国设立储蓄保险时最早设定的。美国在 1927 年对全国性银行设置了利率上限，规定为各州限定的最高额。1933 年的银行法案则授权美联储为会员银行设置利率上限。美联储利率上限定为3%。1935年法案则将授权延伸至FDIC（Federal Deposit Insurance Corporation），从而将利率上限的设定延伸至非会员银行。为个人住房提供贷款而特设的储蓄信贷银行和互助储蓄银行则受到了保护，直到1968年才实行利率上限管制。

20世纪30年代的利率管制主要是为了防止银行间非理性竞争，以便提供成本合理的贷款，并防止股票投机。银行间的非理性竞争被认为会诱导银行发放高风险的房贷，有导致大范围银行倒闭的风险。而活期存款被认为是股票投机的资金来源（被用于将资金从乡村银行转向城市银行），因此被禁止支付利息。

直到1957年，市场利率始终低于美联储设置的利率上限，所以利率上限并未形成对银行融资的约束。20世纪50年代后，市场利率开始上升。有价证券的收益率开始超过储蓄利率，变得比储蓄更加有吸引力。美联储于是在1957年将利率上限提高，以避免对银行吸收存款产生约束。在60年代和70年代，市场利率不断上升，利率上限开始对银行吸储产生实质性限制，从而对信贷扩张产生限制。大银行由于资金来源广，相对于小银行更具有竞争优势。由于市场利率在1965年和1966年大幅上升，存款利率上限带来了银行的资金危机。为降低小银行的竞争压力，美联储将10万美元以下的存款利率上限降低，这反而为小银行吸储带来更大约束。

1973年，美联储去除了大额存单（Certificate of Deposit，CD）的利率上限，银行于是开始更多地使用CD融资来缓解资金压力。1978年美联储放松了对货币市场基金的管制，授权银行发行大额货币基金凭证。资金于是从存款流向货币基金。1980年3月，美国国会废除了Q条例，利率上限也就慢慢消失了。

（三）针对资本金的宏观审慎监管

资本金是对金融机构偿付能力的基本度量，是在发生意外损失时对银行提供的保护。在20世纪80年代之前，美国仅对全国性银行的资本金做数量的要求。80年代，美国开始对银行资本金做比例（资本金率）要求，并最终形成《巴塞尔协议》。

资本金方面，美国没有实施过明确的逆周期管理，而是实行监管宽容（Regulatory Forebearance）的措施。20 世纪 80 年代，美国对储蓄贷款机构实施了监管宽容：扩张了投资范围、解除了利率上限、去除了建筑贷款的 LTV 限制、授权 FHLBB 降低资本金标准并修改会计准则以使该行业看起来更健康。这些措施促进了储蓄贷款行业的迅速增长。行业总资产从 1982 年的 6860 亿美元增长到 1985 年的 1.1 万亿美元，投资范围也从个人住房贷款延伸至高风险的商业地产和土地贷款甚至股票。这最终导致房地产市场的崩盘，并造成大量储蓄贷款机构破产。1991 年，美国国会设立 PCA（即刻纠正行动，Prompt Corrective Action），结束了资本金宽松政策。

（四）监管指导和直接压力

美国历史上还多次实施道德劝说（Moral Suasion）政策，以施加压力的方式来限制信贷。为打击投机与通胀，美联储分别在 1919 年、1927～1929 年、1947 年、1966 年及 1973 年通过发表声明的方式表达了对过度信贷的担心。

（五）监管放松

20 世纪 80 年代，美国开始推行监管放松及金融自由化。信贷控制等宏观审慎工具基本全部被废除。80 年代中期，国会取消了利率上限及 LTV 限制，放松了对银行资产组合的限制，并且废除了 1969 年的信贷控制法案。到了 90 年代，关于央行的货币政策已经达成共识，央行不应试图事先刺破泡沫，而应该针对通胀和失业率对泡沫破裂做事后反应（Mishkin，2008）。

失去宏观审慎监管工具后，美联储等监管机构开始依靠公开声明等方式来对信贷增长进行指引，但收效甚微。1995 年，美联储发布信贷过度宽松的认定标准，并对周期的下行风险提出警告。1998 年，对次级债的风险暴露导致一些银行倒闭，监管层在 1999 年提出风险警告并宣布可能对次级债征收更高的资本金。2000 年，监管层针对房地产市场的繁荣而对信贷增长提出警示。2005 年，监管层对住房权益贷款（Home Equity Loan）、非传统房屋抵押贷款及商业地产贷款发布了指引。但是这些努力收效甚微，监管层因此广受批评，被认为在限制房地产市场信贷扩张上没有做出足够努力。

五、金融危机之后的宏观审慎监管

2007～2009 年的金融危机之所以发生，对泡沫的温和忽略（Benign Neglect）政策被认为是一个重要原因。受金融自由化及有效市场理念的影响，学术界和业界普遍认为泡沫很难被确认，而且认为试图消除泡沫带来的事前成本要高于泡沫破裂带来的事后损失。监管者因此对泡沫采取了温和忽略的态度。但是 2007～2009 年的金融危机对实体经济产生了巨大损害，这促使大家放弃了原先的逻辑，而采取背风而站（Lean against the Wind）的政策。这就要求监管者对泡沫迹象进行警示。

由于银行业的特殊地位，关于监管的很多讨论都围绕银行业的宏观审慎监管而展开。银行容易产生系统性风险，而且由银行信贷引发的泡沫破裂对实体经济的损害也更大。

银行在危机时会过度收缩资产负债表，再通过循环与传染而影响其他更多金融机构与实体（Stein，2010）。银行业宏观审慎监管的核心就是对这种传染与循环进行防范，具体措施包括时变性资本金要求（Time-Varing Capital Requirements）、资本质量要求、资本金数量要求及或有资本（Contingent Capital）要求。

时变性资本金要求是逆周期的监管措施，在上行周期要求银行持有更多的资本金，而在下行周期则降低对银行资本金的要求。但在下行周期时这种做法可能会与微观审慎原则发生矛盾而产生操作困难，因为银行这时往往会迫于市场压力主动提高资本金率，而不是像宏观审慎监管所希望的那样去降低资本金率。一个可能的解决办法是在上行周期时将资本金提到远高于下行时所需要的水平，从而使银行资本金在下行周期也能满足市场的要求，但这种宏观审慎监管思路又会产生与效率和利润之间的矛盾。

资本质量要求就是对普通股做要求。普通股可被用来补充银行的损失，而且在资本结构中最后才会被偿付，因此是宏观审慎中最优质的资本。通过新股发行来融资还不需要承担任何新的偿付责任（也即不产生新的债务），因此避免了债务负担（Debt Overhang）问题。而传统微观审慎对资本金做要求是为了保护存款保险公司，而存款保险公司在偿付顺序上高于普通股与优先股，因此不用对二者做质量上的区分。

将 PCA 目标定在资本金数量而非资本金率，是为了防止 PCA 导致银行出售资产来达到资本金率目标。这是美国 2009 年对银行进行压力测试中所用的办法。当时的压力测试中对各银行设定具体的资本金数量，并要求它们去资本市场融资以达标，否则就由财政部注资。这种"一刀切"的做法降低了融资的信号作用，因此没有造成银行被市场抛售的结果。

或有资本如 CoCo's（Contingent Convertibles）已经在实际中使用，并在 2016 年初遭受了市场波动冲击。CoCo 是一种在一定条件下可以转化为股权的可转债。商业银行及做市商自营商的负债大部分为短期负债，包括储蓄存款及商业票据及再回购协议等批发性资金来源。短期负债过多容易在危机时造成银行的流动性危机。银行如果开始甩卖资产，就会压低资产价格，从而产生负的外部性，所以对银行的监管还要对短期债务进行限制，影子银行也要纳入监管体系。

Taylor（2012）研究发现，私人部门信贷（银行信贷）的增长对预测金融危机有作用，而公共债务/GDP 及经常项余额/GDP 对预测未来金融危机不起作用。宏观审慎监管因此更加注重信贷指标，考虑将"过度信贷"指标作为政策决策的输入变量，但是信贷指标如何建立以及如何围绕这些指标去实施监管的问题仍待解决。

第十二章　配置建议：调整大宗商品权重

投资者的大量参与导致了大宗商品的金融化，改变了大宗商品曾经具有的一些价格特征。大宗商品在资产配置中不再具有吸引力。不仅如此，在市场下跌时大宗商品与传统风险资产相关性会加大，在投资者最需要分散风险的时候反而加剧了风险，其资产配置的吸引力进一步削弱。全球人口的老龄化降低了投资者对高波动资产的容忍度，也不利于大宗商品。本章在上述对大宗商品金融化的理论论述基础上，在实践上做出关于大宗商品的配置建议。本书的建议是调整大宗商品在资产配置中的权重。

一、资产配置的定义、原理及历史

资产配置是一种自上而下的，在对大类资产未来的收益与风险进行预判后，通过调整对各资产类别配置的权重来平衡收益与风险的一种投资策略。资产配置的核心是分散风险，强调对风险与收益的对比与平衡，评价各资产类别的标准是风险调整后的收益。资产配置的基本构建单位是大类资产，因此并不强调对特定单只股票或特定单只债券的研究。资产配置的结果就是对投资者能够投资的各大类资产所设置的权重。

资产配置假设不同的资产类别在不同的经济周期和不同的市场环

境中会有不同的表现。这在统计上就表现为各资产类别在收益上不具有完全的相关性。投资者将不具有完全相关性的资产类别按比例配置成一个资产组合，就可以在给定收益率的情况下降低组合的整体风险（波动率），或者在给定波动率（风险）的情况下提高组合的整体收益。

实践中，资产配置的实施，首先要认定投资者的投资目标，也即投资者对收益与风险的预期要达到的目标，找到投资者可投资的资产类别；其次根据资产配置的优化模型（给定风险，构建最大收益的组合；或给定收益，构建最小风险的组合）而为投资者构建一个证券组合。理论上的资产配置应该根据对各资产类别未来预期的收益率、波动率以及相关性来进行。实际操作中，投资者对未来的预期往往根据历史收益率来对上述指标进行计算，并用于资产配置。对经典资产配置模型进行的修改，比如 Black - Litterman 模型，则引入分析师对资产收益率未来的预期，从而为资产配置加入预期因素。

资产配置理论的发展与现代金融理论的发展相重合。现代金融理论从 20 世纪 50 年代开始建立，而资产配置理论则发端于哈里·马科维茨（Markowitz, 1952）的现代证券组合理论（Modern Portfolio Theory）。马科维茨将统计学运用到金融里，这样证券组合理论就与 Modigliani - Miller 定理一起成为现代金融理论的两大支柱。

马科维茨假定各类资产的收益率服从正态分布，并在此基础上建立有效的证券组合（Efficient Portfolio）。组合的有效性指对一个给定的组合风险，该组合的收益率最高；或者对一个给定的组合收益率，该组合的风险最低。这里，风险的定义为波动率，也即统计上的标准差。这样来看，风险与收益就成为一枚硬币的两面：投资者如果想要更高的收益，就必须承担更高的风险；而投资者想要低风险组合就需要忍受低的收益。基于现代组合理论，投资者可以设定寻找新的投资标的的标准。如果一个资产类别能够将已有组合的风险进一步分散，那么该资产类别就是一个好的资产。

投资者关于投资收益来源的理解经历了巨大变化。在现代证券组合理论出现之前，市场会将证券组合的收益全部归于管理人技能。马科维茨证券组合理论的出现将投资进行了严格的量化，指出了风险与收益的关系，从而认定了收益的来源。

随后 Merton（1969，1971）、Samuelson（1969）和 Fama（1970）对证券组合理论进行了扩展和补充。业界则在金融经济学理论的基础上，对资产配置进行了实践。而理论上也没有停止对证券组合理论的实证分析与验证，并发现了新的现象，如随时间变动的收益分布（Time‐varying Return Distribution），以及模型和参数的不确定性、学习（Learning）和摩擦等现实问题。不过，这些研究并没有大范围在实践中实施。

如果认为市场在大部分情况下都是有效的，那么风险与收益就是一枚硬币的两面，而资产配置的另外一面就是从风险出发而进行的风险配置。这样，风险因子（Risk Factors）而非资产类别（Asset Classes）就可以成为投资者证券组合的基本构建单位。风险因子包括利率、收益率曲线、信用利差、股市收益率、投资风格收益率（动能、价值和大小）、波动率变化、大宗商品收益率以及流动性变化等。在度量对一个风险因子的暴露（Exposure）方面，投资者往往采用证券组合对该风险因子的敏感度（Sensivity）作为指标（Page，Taborsky，2011）。举例来说，投资者常用的久期和贝塔就分别是对利率风险及股市风险的暴露度量。实证分析表明，风险因子之间的相关性要小于资产类别之间的相关性（因为大部分资产类别都或多或少拥有对股市的风险暴露），因此基于风险因子而构建的证券组合要更有效。

到了 2009 年前后，基于风险溢价的配置开始兴起，投资者开始将各种风险溢价进行配置从而形成投资组合。

二、对资产类别与资产配置的研究

业界始终存在资产配置与主动投资的争论。Vanguard 的 John Bogle 非常重视基金的成本，认为主动投资并不增值，投资者可以低成本的指数进行配置来获得更好的收益。不仅如此，Bogle 对股票基金的分析表明，成本最低的基金收益最好，而成本最高的基金收益最差。不过，Vanguard 是一个主要提供指数基金产品的公司。

主动投资基金，尤其是进行基本面研究的股票型对冲基金则认为自己对个股的调研和分析能够为投资者增值。他们因此认为自己应该收取更高的管理费。

学术界的研究总体更加支持基于指数的资产配置。不过，针对资产配置本身进行的专项研究，大多没有包括大宗商品。这或许是因为大宗商品从 21 世纪初才开始被当作一个资产类别来对待。

Brinson 等（1986）对 91 只大型养老金在 1974～1983 年的收益进行了研究，以各市场（股票和债券）的指数来取代各养老金在股票、债券和现金上的主动投资。他们发现指数配置策略与养老金主动管理所取得的季度收益有高达 96.7% 的相关性，同时又比养老金获取了更高的季度收益。他们因此得出结论，简单的指数投资可以取得与专业的主动投资一样的效果。

Ibbotson 和 Kaplan（2000）则将 5 类资产（包括美国大市值股票、小市值股票、非美国股票、美国债券和现金）与相应的美国共同基金进行比较与分析。他们对 94 家共同基金 10 年的收益进行研究，发现指数的收益要优于共同基金的收益。他们的研究还发现，指数与共同基金的月度收益有 90.2% 的相关性；资产配置解释了共同基金 40% 的收益波动及 93.6% 的收益水平。这个结果被广为流传，演变为"共同基金收益有 90% 来自市场"的说法。

Gorton 和 Rouwenhorst（2006）对 1959～2004 年大宗商品期货的收益进行研究，发现完全抵押（Fully Collateralized）的大宗商品投资与美国股票投资的收益率及夏普比值相同，但是与股票和债券的相关性为负。实践中，负相关的资产会在不损害收益的情况下为已有组合降低风险，因此引起投资者的广泛重视。他们的这篇论文为大宗商品投资提供了理论基础，导致大量金融投资者开始进入大宗商品领域进行投资。

Bekkers 等（2009）对 10 类资产进行了收益率与波动率的分析。

他们发现不动产、大宗商品和高收益债能够有效地为传统的资产组合（股票、债券和现金组合）分散风险。不仅如此，他们还发现，与股票不同，大宗商品收益还与通胀有正的相关性。因此大宗商品还被认为可以对冲通胀风险，从而为投资者提供更好的实际收益。[①]

Bhardwaj 等（2015）对 Gorton 和 Rouwenhorst（2006）的研究进行了更新。在新的研究中，他们用了更多的数据，涵盖了之前的研究未能覆盖的几个阶段：中国工业化引领的全球经济扩张，美国房地产市场的繁荣及衰退，全球金融危机以及随后的零利率货币刺激。他们构造的大宗商品期货指数在 2005～2014 年产生了平均 3.67% 的风险溢价，略低于上次研究中大宗商品指数在 1959～2004 年产生的 5.23% 的风险溢价。他们认为，这个正的风险溢价与期货市场的基本经济功能一致。他们还认为金融危机后大宗商品与其他资产类别的相关性的提高是暂时现象。他们发现，作为大宗商品库存稀缺性指标的基差，与期货风险溢价有可靠的相关性。

不过，上述研究都没有涉及投资者在现实中非常关心的相关性的变动问题。大宗商品与传统资产类别的相关性是随着市场周期变化而变化的。以股市为例，在股市上升时，大宗商品与股市的相关性会降低。而在股市大幅下跌时，大宗商品与股市的相关性往往大幅上升。这样，在投资者最需要低相关性时，大宗商品往往表现出与其他资产类别的高相关性。而在投资者最需要高相关性时，大宗商品表现出与其他资产类别的低相关性。投资者所真正需要的实际上是在下行周期的风险分散。在这一点上，大宗商品并没有做到。

三、大宗商品在资产配置中的作用

大宗商品有期货市场和现货市场。大宗商品现货有较高的储藏及

---

① 大宗商品抗通胀主要是因为投资大宗商品期货的保证金在通胀环境下的收益也相应较高。

运输等成本，因此很少成为投资工具，也就很难进入主流的资产配置。对大宗商品投资通常在期货市场进行。大宗商品中只有贵金属如黄金白银等才有较为普遍的现货投资。

但是，一些机构投资者如哈佛大学和耶鲁大学较早就开始尝试拓展投资领域，包括林业投资在内的实资产（Real Assets）。在哈佛的示范效应下，其他机构在后来也开始对实资产进行投资。不仅如此，随着2001年之后大宗商品投资热情的迅速上涨，一些投资者也开始直接投资大宗商品现货，包括铀这种高辐射的产品。

投资大宗商品还可以通过投资资源类公司的股票来进行。资源类公司的主要业务是生产或买卖大宗商品现货，可涉及大宗商品上中下游的整个生产链，如大宗商品的勘探、开采、制造、交易等。投资公司股票与直接投资大宗商品依然是有所不同的。公司股价主要受预期的影响，而大宗商品价格更多受到基本供求的影响。除此之外，公司股价还会受到管理层战略（包括使用期货进行对冲的策略）、公司治理以及公司的融资结构甚至一些与大宗商品市场无关的其他市场因素的影响。而且当大宗商品价格下跌以致公司面临亏损时，资源类公司可能会减产甚至停产，从而对公司的股价产生负面影响。

Gorton 和 Rouwenhorst（2006）的研究发现，在历史上，大宗商品与大宗商品公司的相关性并不是很高，甚至还没有与标普500指数的相关性高。

投资大宗商品还可以通过投资大宗商品基金来进行。大宗商品基金分为大宗商品股票基金和大宗商品期货基金。其中，又有主动管理基金和被动管理基金。主动管理基金又有共同基金和对冲基金的区别。对冲基金中专门投资于大宗商品的基金又被称为CTA（Commodity Trading Advisors）。

投资大宗商品的最新方式是大宗商品指数基金。这是上述被动管理基金的一种，2001年之后在投资者中开始流行起来。投资者对大宗商品指数的兴趣很大程度上缘于 Gorton 和 Rouwenhorst（2006）所提出的理由，也即大宗商品与其他金融资产价格波动的低相关性。投资者对大宗商品产生兴趣还来自对未来的预期，其中最重要的就是中国经济的高速发展带来的对大宗商品"超级周期"的想象。大宗商品种类很多，市场提供的产品也非常丰富，能够为投资者提供更多的投资选择。指数产品由于构造简单、成本低，因此成为投资者的首选。不过，尽管如此，大宗商品投资由于普遍使用期货来实施，为散户带来投资的不便。为了适应市场需求，基金公司开始大量发行大宗商品ETF，从而为散户投资大宗商品提供了便利。发展到今天，ETF基本涵盖了大部分上市的大宗商品品种。

对冲基金是典型的主动管理基金，主要针对高净值客户和机构投资者。由于激励机制的设定，对冲基金可能会出现过度追求收益的现象，从而在收益上可能会出现更大的波动。这在商品期货基金中更加容易出现，因为期货本身即带有很高的杠杆。

（一）大宗商品作为一种资产类别

大宗商品作为资产类别的一种，属于另类投资（Alternative Investments）。除大宗商品外，另类投资还包括对冲基金、外汇等区别于传统的股票与债券的资产类别。

投资大宗商品尤其是大规模投资，是近期发展起来的趋势。这在2001年之后变得更为普遍。投资大宗商品的方式有大宗商品股票、大宗商品期货、大宗商品基金、大宗商品指数产品以及大宗商品现货。

投资大宗商品始终是有争议的。其中一个重要原因是大宗商品与金融资产有本质的不同。大宗商品生产或种植出来是为了被用于制造加工或消费，因此产生投资收益并不是大宗商品的自然功能。而传统的金融资产如股票和债券，在设计之初就要产生股息和利息等未来现金流，因此有未来收益。金融资产作为一种由人类设计出来的产品，其存在的唯一原因就是提供投资回报。如果金融资产不提供投资回报，那么就不会有人去投资它们（Dunsby et al.，2008）。

金融投资者投资大宗商品，绝大多数通过投资大宗商品期货来实现。这样，大宗商品投资实际上只是大宗商品期货投资的简略说法（Dunsby et al.，2008）。由于期货工具自身的特点（如期限结构）以及投资大宗商品期货的要求（如保证金制度），投资大宗商品期货带来的收益率可能会与同一种大宗商品现货的价格表现相去甚远。投资大宗商品的收益来源共有三个：大宗商品现货的价格变化、展期收益（Roll Yield）及保证金收益。其中展期指的是投资者将一个近期期货合约平仓，然后用一个远期合约将之取代。如果大宗商品期货的期限结构是负的（也即远期合约价格低于近期合约价格），那么投资者就会从展期中获益。反之则会受损。

投资者看到的大宗商品（期货）的投资收益，很大部分来自展期收益（可以是正贡献，也可以是负贡献）及保证金利息收入。而来自大宗商品价格变化的收益，只是投资者投资大宗商品期货所获得的整体收益中的一部分，甚至较小的部分。

如果大宗商品期货价格的时间期限结构表现出 Keynes（1930）所说的正常期限折价，那么做多该商品期货就会获得期货、现货价格趋同带来的自然收益，即使该商品的现货价格没有任何变化。而 Bekkers 等（2009）中大宗商品抗通胀的作用，很大程度上是因为投资大宗商品期货的保证金在高通胀环境下所获得的较高利息收入。

不过，要成为一个资产类别，大宗商品必须要有预期收益，也就要求对大宗商品现货与期货的收益来源进行理论上的分析以及实际上的计算。理论上，大宗商品预期收益来自风险溢价。实践中，大宗商品未来预期收益和波动率往往根据历史收益计算得到。

在指数投资者于 2001 年前后大量进入前，大宗商品期货价格对未来现货价格期望值的偏离，也即风险溢价，体现出每个商品特定的价格风险。这些特定价格风险彼此之间的相关性较低，从而成为投资者投资大宗商品期货的重要原因（de Roon et al.，2000）。而 Gorton 和 Rouwenhorst（2006）的研究表明，大宗商品期货能够提供与美国股票同样的收益和夏普比，但是与股票和债券的相关性为负。正是他们的研究为机构投资者进入大宗商品投资领域提供了理论基础，从而进一步刺激了对大宗商品的指数投资。

（二）大宗商品在资产配置中的作用

对大宗商品在资产配置中的作用进行分析，可以有几个角度：一是大宗商品波动率及与其他资产类别的相关性。二是投资者对高波动资产的需求，尤其是人口结构变化下投资者对高波动资产的预期收益的影响。三是资产配置中如何处理大宗商品与其他资产相关性随时间而漂移的特性。

传统的基于相关性的研究可以得出结论，大宗商品由于与其他资产类别较低的相关性，因此可以起到分散风险的作用。将大宗商品纳入资产配置有利于提高组合的风险与收益特征。

从波动性角度看，大宗商品投资的吸引力已经下降。随着金融化的发展，大宗商品的波动性提高了。与此同时，全球各国普遍出现老龄化现象，从而降低了对高波动资产的需求。而这些需求的降低也会导致大宗商品未来收益率的降低。低收益和高波动降低了大宗商品在资产配置中的吸引力。

金融化使得大宗商品波动率及与其他金融资产的相关性都加大，从而降低大宗商品作为资产配置的吸引力。

从投资者对风险偏好的特征来看，投资者在下行周期希望分散风险，从而降低波动。但在上行周期，并不希望因为投资分散而降低收益。而大宗商品由于在上行周期与传统资产的相关性低，而在下行周期的相关性加大，因此并没有起到真正地降低投资者风险的作用。这样，即使不考虑人口老龄化带来的影响，大宗商品投资的吸引力也没有 Gorton 和 Rouwenhorst（2006）所显示的那样高。

总　结

金融与实体的关系是个重大的研究课题，对政策讨论及经济决策具有现实指导意义。金融化学科的研究汲取了经济学、政治科学、社会学、人类学及地理学等各领域的研究精华，建立了全面立体的研究体系。明斯基的金融不稳定假设及相关理论可以被归属于金融化的研究领域，但长期被排除在主流经济学之外。2007～2009年金融危机之后，明斯基理论开始被重视，其理论也常常被传统主流经济学的最新相关研究引用。这些都可以被纳入金融化的研究框架之中。

现实中，金融是实体经济不可分割的有机组成部分，是经济中的一个重要行业，对就业和消费等做出了极大贡献。金融还通过消除实体中的摩擦而协调实体经济的资源配置。同时，金融自身具有天然的不稳定性，而且能够通过各种传染而对实体经济产生冲击。随着金融深化的日益发展，经济的金融化越来越强。金融对实体的冲击可能也会加大，这需要对金融与实体的关系进行理论与现实的分析与梳理。

21世纪之后发生的大宗商品的金融化以及美国次贷危机都在提醒着人们对金融化的重视。大宗商品的金融化突出表现为大宗商品与其他金融资产收益相关性的上升、大宗商品彼此收益相关性的上升以及大宗商品价格波动率的上升。现实中，供求基本面和金融投资者可能都在影响着大宗商品市场的价格水平及波动率。长期来看，大宗商品的价格由供求基本面决定。短期来看，基本供求、地缘政治及金融投资者的资金流动都会影响大宗商品价格。随着各国杠杆率的持续增加，金融化带来的大宗商品价格的波动率与相关性的变化将持续。

宏观层面上，由美国房地产市场泡沫破裂引发的次贷危机，最终通过金融系统传染而导致了全球金融危机和经济危机。其背景则是银行资产对 GDP 之比（杠杆）的急剧上升，也即本书所定义的经济金融化的加深。经济的金融化会促生由杠杆周期而带来的泡沫的产生和破裂，以及泡沫破裂后价格循环及风险传染而带来的系统性风险。具体到当今的全球经济，资金在国际间流动，会形成资金流动、投资（供给）周期、大宗商品价格波动、经济周期之间的互动与加强。而这些互动背后就是全球分工的一个全球化生产体系。

2007～2009 年金融危机之后传统经济学领域大量关于金融与经济波动的研究主要是在 DSGE 框架下对信用（Credit）对波动的传导而进行的建模，多遵循着 Bernanke 和 Gertler（1989）的框架。而有关金融自身的脆弱性及波动以及金融与实体经济在波动上的互动，则多是通过建立大量长期数据来进行的实证分析，如 Reinhart 和 Rogoff（2009）及 Schularick 和 Taylor（2009），其方法论更加接近金融化领域的研究。对金融历史的分析表明，资金的国际流动、投资周期、大宗商品的价格波动及经济周期之间存在互动关系。实践中，由于经济的金融化以及现代金融市场的发展，使得信用作为融资渠道、传递风险的渠道以及传导货币政策渠道的重要性大大加强。宏观审慎的逆周期政策因此变得更加必要。

微观领域也存在大量的金融化现象。实体企业开始更多地运用金融工程手段来促进盈利增长，甚至直接涉足金融业务。而高等教育等并非以盈利为主要目标的一些领域也开始受到越来越多的金融机构及市场的影响。可以说，金融化现象已经渗透到了经济的方方面面。

本书因此以金融化作为框架，将宏观、中观及微观领域的金融化现象进行统一的分析，并得出具有操作性的具体建议。本书对大宗商品金融化的研究重点放在了金融化对大宗商品波动率以及与其他资产类别的相关性的冲击上，并且通过计量分析的方法设计而对金融化带来的冲击进行了论证。本书在理论与实证分析后认为，大宗商品的价格波动性以及与其他金融资产的相关性在上升。本书进一步结合其他现象如人口老龄化对高波动资产偏好的变化而得出结论，认为 Gorton 和 Rouwenhorst（2006）的结论不再符合现实，应该被修正。

本书对宏观层面的经济金融化研究进行了理论分析以及数据的实证分析，并系统性地对美元以及国际美元流动性对其他国家经济发展的影响进行了分析论证。本书系统地论证了金融自身的脆弱性及不稳定性，实体自身由于投资周期而带来的不稳定性，以及金融的各种循环机制（价格循环、杠杆周期等）而对实体带来的冲击。本书通过对经济与金融结构的变化，指出信用在现代金融与经济体系中的重要性，并因此提出宏观审慎监管的政策建议。

从大宗商品到宏观经济，金融化的程度都在不断加大。理论与实践证明，金融化的加大最终会为实体带来波动。这在中观层面表现为大宗商品更高的价格波动率和相关性，在宏观层面表现为经济周期更大的波幅及危机的爆发。不管是大宗商品的金融化还是经济的金融化，其共同特点以及背后的基本规律都是金融自身的脆弱性及不稳定性会通过传染而冲击实体，带来实体的波动。在此理论认知的基础上，投资者与政策制定者都要对原有思路进行修订。投资者要改变原有的对大宗商品低相关性的认识，适当降低对大宗商品的配置。政策制定者要改变原有的微观审慎理念，而在宏观审慎框架下对信贷及资产价格进行更多关注。

本书以金融化为框架对相关研究进行整合，试图对现实中关于金融与实体的讨论提供理论基础，并对一些问题提供初步答案。

本书在写作过程中得到李扬老师的亲切指导及大力支持，在此谨致以诚挚谢意。

参考文献

李扬，张晓晶．失衡与再平衡——塑造全球治理新框架 ［M］．中国金融科学出版社，2013．

Acemoglu, Daron (2003), Why not a Political Coase Theorem? Social Conflict, Commitment, and Politics, *Journal of Comparative Economics.*

Acemoglu, Daron, Johnson, Simon, Robinson, James, Thaicharoen, Yunyong (2003), Institutional Causes, Macroeconomic Symptoms: Volatility, Crises and Growth, *Journal of Monetary Economics.*

Acemoglu, Daron, Johnson, Simon (2005), Unbundling Institutions, *Journal of Political Economy.*

Acharya, Viral, Imbs, Jean, Sturgess, Jason (2011), Finance and Efficiency: Do Bank Branching Regulations Matter, *Review of Finance.*

Aghion, Philippe, Howitt, Peter, Mayer – Foulkes, David (2005), The Effect of Financial Development on Convergence: Theory and Evidence, *Quarterly Journal of Economics.*

Aghion, Philippe, Angeletos, George – Marios, Banerjee, Abhijit, Manova, Kalina (2010), Volatility and Growth: Credit Constraints and the Composition of Growth, *Journal of Monetary Economics.*

Allen, Franklin, Gale, Douglas (1997), Financial Markets, Intermediaries, and Intertemporal Smoothing, *Journal of Political Economy.*

Allen, Franklin, Gale, Douglas (2000a), Comparing Financial Systems, *MIT Press.*

Allen, Franklin, Gale, Douglas (2000b), Financial Contagion, *Journal of Political Economy* .

Allen, Franklin, Gale, Douglas (2004), Competition and Financial Stability, *Journal of Money, Credit and Banking* .

Allen, Franklin, Babus, Ana, Carletti, Elena (2010), Finanical Connections and Systemic Risk, *NBER Working Paper.*

Adrian, Tobias and Shin, Hyun Song (2007), Liquidity and Leverage, *Journal of Financial Intermediation* .

Adrian, Tobias and Shin, Hyun Song (2008a), Financial Intermediary Leverage and Value at Risk, *Federal Reserve Bank of New York Staff Reports.*

Adrian, Tobias and Shin, Hyun Song (2008b), Financial Intermediaries, Financial Stability, and Monetary Policy, *Federal Reserve Bank of Kansas City* 2008 *Jackson Hole Economic Symposium Proceedings.*

Adrian, Tobias and Shin, Hyun Song (2008c), Money, Liquidity and Monetary Policy, *Annual Meetings of American Economic Review* 2009.

Alquist, Ron, Kilian, Lutz, Vigtusson, Robert (2012), Forecasting the Price of Oil, Handbook of Economic Forecasting, *Elsevier B. V.*

Arcand, Jean – Louis, Berkes, Enrico, Panizza, Ugo (2012), Too Much Finance, *IMF Working Paper* .

Arrighi G. (2010), The Long Twentieth Century: Money, Power, and the Origins of Our Times, *London* ; *New York*: *Verso.*

Baer, Julius, Saxon, Olin (1949), Commodity Exchanges and Futures Trading, *Harper and Brothers.*

Backus, David, Crucini, Mario (2000), Oil Prices and the Terms of Trade, *Journal of International Economics.*

Bagehot, Walter (1873), Lombard Street: A Description of the Money Market, *Henry S. King & Co.*

Banerjee, Ryan, Devereux, Michael, Lombardo, Giovanni (2016), Self – oriented Monetary Policy, Global Financial Markets and

Excess Volatility of International Capital Flows, *BIS Working Paper.*

Beck, Thorsten (2002), Financial Development and International Trade: Is There a Link, *Journal of International Economics.*

Beck, Thorsten (2003), Financial Dependence and International Trade, *Review of International Economics.*

Beck, Thorsten (2011), The Role of Finance in Economic Development: Benefits, Risks, and Politics, *European Banking Center Discussion Paper No.* 2011 – 038.

Beck, Thorsten, Levine, Ross (2002), Industry Growth and Capital Allocation: Does Having a Market – or Bank – based System Matter, *Journal of Financial Economics.*

Beck, Thorsten, Levine, Ross, Loayza, Norman (2000), Finance and the Sources of Growth, *Journal of Financial Economics.*

Beck, Thorsten, Feijen, Erik, Ize, Alain, Moizeszowicz, Florencia (2008), Benchmarking Financial Development, *World Bank Policy Research Working Paper.*

Becker, Bo, Greenberg, David (2007), Financial Development, Fixed Costs and International Trade, *Harvard Business School Working Paper.*

Bekkers, Niels, Doeswijk, Ronald, Lam, Trevin (2009), Strategic Asset Allocation: Determining the Optimal Portfolio with Ten Asset Classes, *Journal of Wealth Management.*

Bell, Clive, Rousseau, Peter (2001), Post – independence India: A Case of Finance – led Industrialization, *Journal of Development Economics.*

Bencivenga, Valerie, Smith, Bruce (1991), Financial Intermediation and Endogenous Growth, *the Review of Economic Studies.*

Berman, Nicolas, Hericourt, Jerome (2008), Financial Factors and the Margins of Trade: Evidence from Cross – country Firm – level Data, *CES Working Paper.*

Bernanke, Ben (1983), Nonmonetary Effects of the Financial Crisis in the Propagation of the Great Depression, *American Economic Review*.

Bernanke, Ben (1993), Credit in the Macroeconomy, *Federal Reserve Bank of New York Quarterly Review*.

Bernanke, Ben (2004), The Great Moderation, *at the meetings of the Eastern Economic Association, Washington, D. C.*

Bernanke, Ben (2005), The Global Saving Glut and the U. S. Current Account Deficit, *Sandridge Lecture*.

Bernanke, Ben (2011), The Effects of the Great Recession on Central Bank Doctrine and Practice, *Federal Reserve Bank of Boston 56th Economic Conference*.

Bernanke, Ben (1983), Non – monetary Effects of the Financial Crisis in the Propagation of the Great Depression, *NBER Working Paper* .

Bernanke, Ben, Blinder, Alan (1988), Credit, Money and Aggregate Demand, *American Economic Review*.

Bernanke, Ben, Gertler, Mark (1989), Agency Costs, Net Worth, and Business Fluctuations, *American Economic Review*.

Bernanke, Ben, Gertler, Mark, Gilchrist, Simon (1999), The Financial Accelerator in a Quantitative Business Cycle Framework, *Handbook of Macroeconomics*.

Bhardwaj, Geetesh, Gorton, Gary, Rouwenhorst, K. Geert (2015), Facts and Fantasies about Commodity Futures Ten Years Later, *Bloomberg Global Commodity Investment Roundtable, Unpublished*.

Bhide, Amar (1993), The Hidden Costs of Stock Market Liquidity, *Journal of Financial Economics*.

Black, Fischer (1976), The Pricing of Commodity Contracts, *Journal of Financial Economics*.

Blanchard, Olivier, Simon, John (2000), The Long and Large Decline in U. S. Output Volatility, *MIT Macro Lunch (Simon (2000) PhD Thesis)* .

Board of Governors of the Federal Reserve System (1947), Purposes and Functions.

Bolton, Patrick, Santos, Tano, Scheinkman, Jose (2011), Cream Skimming in Financial Markets, *NBER Working Paper Series*.

Boston Consulting Group (2014), The Shifting Economics of Global Manufacturing.

Boot, Arnoud, Greenbaum, Stuart, Thakor, Anjan (1993), Reputation and Discretion in Financial Contracting, *American Economic Review*.

Borio, Claudio, Zhu, Haibin (2008), Capital Regulation, Risk – taking and Monetary Policy: A Missing Link in the Transmission Mechanism, *BIS Working Paper*.

Borio, Claudio, James, Harold, Shin, Hyun Song (2014), The International Monetary and Financial System: A Capital Account Historical Perspective, *BIS Working Paper* .

Borio, Claudio and Disyatat, Piti (2015), Capital Flows and the Current Account: Taking Financing (More) Seriously, *BIS Working Paper*.

Boyd, John, Prescott, Edward (1986), Financial Intermediary – Coalitions, *Journal of Economic Theory*.

Boyd, John, Smith, Bruce (1998), The Evolution of Debt and Equity Markets in Economic Development, *Economic Theory*.

Boyd, John, De Nicoló, Gianni (2005), The Theory of Bank Risk Taking and Competition Revisited, *The Journal of Finance*.

Braun, Matias, Larrain, Borja (2005), Finance and the Business Cycle: International, Inter – industry Evidence, *Journal of Finance*.

Brinson, Gary, Hood, Randolph, Beebower, Gilbert (1986), Determinants of Portfolio Performance, *Financial Analyst Journal*.

Bruno, Valentina, Shin, Hyun Song (2014), Capital Flows and the Risk – taking Channel of Monetary Policy, Processed. .

Brunnermeier, Markus, Pedersen, Lasse (2008), Market Liquidity and Funding Liquidity, *Review of Financial Studies*.

Brunnermeier, Markus, Crocket, Andrew, Goodhart, Charles, Persaud, Avinash, Shin, Hyun (2009), The Fundamental Principles of Financial Regulation, *Conference in Geneva on 24 January* 2009.

Business Insider (2012), Apple Owns The World's Largest Hedge Fund, http: //www. businessinsider. com/apple – owns – the – worlds – largest – hedge – fund – 2012 – 10.

Buyuksahin, B, Haigh, M, Robe, M. (2008), Commodities and Equities: A "Market of One"? *EFMA Symposium on Risk and Asset Management, Nice, France.*

Buyuksahin, B, Robe, M. (2012a), Does it Matter Who Trades Energy Derivatives, *Review of Environment Energy and Economics.*

Buyuksahin, B, Robe, M. (2012b), Speculators, Commodities and Cross – market Linkages, *Working Paper.*

Carruthers Bruce, Ariovich Laura (2010), Money and Credit: A Sociological Approach, *Polity.*

Caruana, Jaime (2016), Credit, Commodities and Currencies, *Lecture at the London School of Economics and Political Science.*

CFTC (2008), Staff Report on Commodity Swap Dealers & Index Traders with Commission Recommendations.

Chan, Yuk – Shee, Greenbaum, Stuart, Thakor, Anjan (1986), Information Reusability, Competition and Bank Asset Quality, *Journal of Banking and Finance.*

Chang, Eric (1985), Returns to Speculators and the Theory of Normal Backwardation, *Journal of Finance* .

Chang, Roberto, Velasco, Andres (2001), A Model of Financial Crises in Emerging Markets, *Quarterly Journal of Economics.*

Cheng, Ing – Haw, Xiong, Wei (2013), The Financialization of Commodity Markets, *NBER Working Paper.*

Claessens, Stijn, Kose, Ayhan, Terrones, Marco (2008), What Happens during Recessions, Crunches and Busts, *IMF Working Paper.*

Clement, Piet (2010), The Term "Macroprudential": Origins and Evolution, *BIS Quarterly Review*.

Crotty James (2003), The Neoliberal Paradox: The Impact of Destructive Product Market Competition and Impatient Finance on Nonfinancial Corporations in the Neoliberal Era, *Review of Radical Political Economics*.

Cuddington, John, Jerrett, Daniel (2008), Super – cycles in Real Metal Prices, *IMF Staff Papers*.

Curdia, Vasco, Woodford, Michael (2010), Credit Spreads and Monetary Policy, *Journal of Money, Credit and Banking*.

Curcuru, Stephanie, Thomas, Charles, Warnock, Francis, Wongswan, Jon (2011), U. S. International Equity Investment and Past and Prospective Returns, *NBER Working Paper*.

Dale, Spencer (2015), Lessons from Shale Industry Will Reshape Global Oil Market, *Financial Times*.

Davis, Gerald (2008), A New Finance Capitalism? Mutual Funds and Ownership Re – concentration in the United States, *European Management Review*.

Davis, Steven, Haltiwanger, John (2001), Sectoral Job Creation and Destruction Responses to Oil Price Changes, *Journal of Monetary Economics*.

Davis Gerald, Diekmann Kristina, Tinsley Catherine (1994), The Decline and Fall of the Conglomerate Firm in the 1980s: The Deinstitutionalization of an Organizational Form, *American Sociological Review*.

Davis, Gerald, Kim, Suntae (2015), Financialization of the Economy, *Draft Chapter for Annual Review of Sociology*.

De Long, Bradford, Shleifer, Andrei, Summers, Lawrence, Waldmann, Robert (1990), Noise Trader Risk in Financial Markets, *The Journal of Political Economy*.

De Roon, Frans, Nijman, Theo, Veld, Chris (2000), Hedging Pressure Effects in Futures Markets, *Journal of Finance*.

Dell' Ariccia, Giovanni, Detragiache, Enrica, Rajan, Raghuram (2008), The Real Effect of Banking Crises, *Journal of Financial Intermediation.*

Demetriades, Panicos, Hussein, Khaled (1996), Does Financial Development Cause Economic Growth? Time – Series Evidence from 16 Countries, *Journal of Development Economics.*

Demirgüç – Kunt, Asli, Detragiache, Enrica (1998), The Determinants of Banking Crises in Developing and Developed Countries, *IMF Staff Papers.*

Demirgüç – Kunt, Asli, Detragiache, Enrica (1999), Financial Liberalization and Financial Fragility, *Proceedings of the* 1998 *World Bank Conference on Development Economics.*

Demirgüç – Kunt, Asli, Maksimovic, Vojislav (2002), Funding Growth in Bank – based and Market – based Financial Systems: Evidence from Firm – level Data, *Journal of Financial Economics.*

Demirguc – Kunt, Asli, Feyen, Erik, Levine, Ross (2011), The Evolving Importance of Banks and Securities Markets, *Forthcoming: World Bank Economic Review.*

Demyanyk, Yuliya, Ostergaard, Charlotte, Sørensen, Bent (2007), U. S. Banking Deregulation, Small Businesses, and Interstate Insurance of Personal Income, *Journal of Finance.*

Diamond, Douglas, Dybvig, Philip (1983), Bank Runs, Deposit Insurance and Liquidity, *Journal of Political Economy.*

Diamond, Douglas (1984), Financial Intermediation and Delegated Monitoring, *Review of Economic Studies.*

DiPrete, Thomas, Eirich, Greg, Pittinsky Mathew (2010), Compensation Benchmarking, Leapfrogs, and the Surge in Executive Pay, *American Journal of Sociology.*

Domanski, Dietrich, Heath, Alexandra (2007), Financial Investors and Commodity Markets, *BIS Quarterly Review.*

Domanski, Dietrich, Kearns, Jonathan, Lombardi, Marco, Shin Hyun Song (2015), Oil and Debt, *BIS Quarterly Review*.

Dooley, Michael P., Folkerts – Landau, David, Garber, Peter (2003), An Essay on the Revived Bretton Woods System, *NBER Working Paper*.

Dore, Ronald (2000), Stock Market Capitalism: Welfare Capitalism: Japan and Germany versus the Anglo – Saxons, *Oxford University Press*.

Dunsby, Adam, Eckstein, John, Gaspar, Jess, Mulholland, Sarah (2008), Commodity Investing, John Wiley & Sons, Inc..

Easterly, William, Levine, Ross (2015), The European Origins of Economic Development, *Working Paper*.

Eichengreen, Barry, Mitchener, Kris (2003), The Great Depression as a Credit Boom Gone Wrong, *BIS Working Paper*.

Eichengreen, Barry (1996), Globalizing Capital: A History of the International Monetary System, *Princeton University Press*.

Eickmeier, Sandra, Hofmann, Leonardo Gambacortaz Boris (2013), Understanding Global Liquidity, *BIS Working Paper No.* 402.

El – Erian, Mohamed (2016), Top of Mind, *Goldman Sachs*.

Elliott, Douglas (2011), An Overview of Macroprudential Policy and Countercyclical Capital Requirements, *Working Paper*, *Washington*, *D. C.*: *The Brookings Institution*.

Elliott, Douglas, Feldberg, Greg, Lehnert, Andreas (2013), The History of Cyclical Macroprudential Policy in the United States, *Finance and Economics Discussion Series*, *Federal Reserve Board*, *Washington*, *D. C.*.

Emile Despres (1966), The dollar and world liquidity: A minority view, *Brookings Institution*.

Emminger, Otmar (1985), The International Role of the Dollar, *Symposium Luncheon Address*.

Epstein, Gerald (2001), Financialization, Rentier Interest, Central

Bank Policy, *PERI Conference on "Financialization of the World Economy"*.

Erb, Claude, Harvey, Campbell (2006), The Tactical and Strategic Value of Commodity Futures, *Financial Analyst Journal*.

Erten, Bilge, Ocampo, Jose (2012), Super – cycles of Commodity Prices since the Mid – Nineteenth Century, *DESA Working Paper* No. 110.

Falkowski, Michal (2011), Financialization of Commodities, *Contemporary Economics*.

Fama, Eugene (1970), Efficient Capital Markets: A Review of Theory and Empirical Work, *Journal of Finance*.

Fattouh, Bassam (2012), The Financialization of Oil Markets: Potential Impacts and Evidence, *The Financialization of Oil Markets Workshop*, *IEA*.

Fattouh, Bassam, Kilian, Lutz, Mahadeva, Lavan (2013), The Role of Speculation in Oil Markets: What Have We Learned So Far, *Energy Journal*.

Federal Reserve Bank of Richmond (1953), Selective Credit Controls: Theory and Administration.

Ferguson, Niall (2009), The Ascent of Money, *Penguin Group*.

Financial Times, Crude Slide Triggers Expansion of ETF's Role, February 17, 2016.

Fischer, Stanley (2014), The Federal Reserve and the Global Economy, *Conference in Honor of Professor Haim Ben – Shahar*, *Tel Aviv University*, 26 *May* 2015.

Fisher, Irving (1933), The Debt – Deflation Theory of Great Depressions, *Econometrica*.

Fleming, Marcus (1962), Domestic Financial Policies under Fixed and under Floating Exchange Rates, *International Monetary Fund Staff Papers*.

Fligstein, Neil, Goldstein, Adam (2012), The Emergence of a Finance Culture in American Households, 1989 – 2007, *Socio Economic Review*.

Foster, J. B. (2007), The Financialization of Capitalism, *Monthly Review*.

Frankel, Jeffery (2006), The Effects of Monetary Policy on Real Commodity Prices, *NBER Working Paper*.

Freixas, Xavier, Parigi, Bruno, Rochet, Jean – Charles (2000), Systemic Risk, Interbank Relations and Liquidity Provision by the Central Bank, *Journal of Money Credit and Banking*.

Friedman, Milton, Schwartz, Anna (1963), A Monetary History of the United States, 1867 – 1960, *Princeton University Press*.

Frieden, Jeffry (2006), Global Capitalism: Its Fall and Rise in the Twentieth Century, *W. W. Norton & Company*.

Froud, J. , Johal, S. , Leaver, A. , Williams, K. (2006), Financialization and Strategy: Narrative and Numbers, *Taylor & Francis*.

Garbade, K. and Silber, W. L. (1983), Price Movement and Price Discovery in Futures and Cash Markets, *The Review of Economics and Statistic*.

Geanakoplos, John (2009), The Leverage Cycle, *NBER Macroeconomic Annual*, *Vol.* 24.

Geanakoplos, John (2010), Managing the Leverage Cycle, *Cowles Foundation Paper No.* 1306.

Geman, Helyette (2004), Commodities and Commodity Derivatives: Modeling and Pricing for Agriculturals, Metals and Energy, *John Wiley & Sons, Ltd.*

Gerschenkron, Alexander (1962), Economic Backwardness in Historical Perspective—A Book of Essays, *Harvard University Press*.

Gertler, Mark (1988), Financial Structure and Aggregate Economic Activity: An Overview, *Journal of Money, Credit and Banking*.

Gilbert, Christopher (2010), Speculative Influences on Commodity

Futures Prices 2006 – 2008, *UNCTAD Discussion Papers*.

Glaeser, Edward, La Porta, Rafael, Lopez – de – Silanes, Florencio, Shleifer, Andrei (2004), Do Institutions Cause Growth, *NBER Working Paper*.

Goldberg, Linda (2010), Is the International Role of the Dollar Changing, *Federal Reserve Bank of New York Current Issues in Economics and Finance*.

Goldberg, Linda, Choi, Mark, Clark, Hunter (2011), What If the U. S. Dollar's Global Role Changed, *Liberty Street Economics*.

Goldman Sachs (2016), Top of Mind, Credit Tremors.

Goldsmith, Raymond (1969), Financial Structure and Development, *Yale University Press*.

Gorton, Gary, Hayashi, Fumio, Rouwenhorst, K. Geert (2013), The Fundamentals of Commodity Futures Returns, *Review of Finance*.

Gorton, Gary, Rouwenhorst, K. Geert (2006), Facts and Fantasies about Commodity Futures, *Financial Analysts Journal*.

Graeber, David (2011), Debt: The First 5000 Years, *Melville House*.

Greenspan, Alan (2002), Economic Volatility, *Federal Reserve Bank of Kansas City Speech*.

Greenwood, Jeremy, Jovanovic, Boyan (1990), Financial Development, Growth, and the Distribution of Income, *Journal of Political Economy*.

Grossman, Sanford, Hart, Oliver (1980), Takeover Bids, the Free – rider Problem, and the Theory of the Corporation, *Bell Journal of Economics*.

Guo, Kai, N' Diaye Papa (2011), Is China's Export – oriented Growth Sustainable?, *Rebalancing Growth in China*, *IMF*.

Gurley, John, Shaw, Edward (1955), Financial Aspects of Economic Development, *The American Economic Review*.

Haber, Stephen, Perotti, Enrico (2008), The Political Economy of

Financial Systems, *Tinbergen Institute Discussion Paper.*

Hamilton, James (1983), Oil and the Macroeconomy since World War II, *Journal of Political Economy.*

Hamilton, James (2003), What is an Oil Shock, *Journal of Econometrics.*

Hamilton, James (2009), Causes and Consequences of the Oil Shock of 2007 - 2008, *Brookings Papers on Economic Activity.*

Heap, Alan (2005), China - the Engine of a Commodities Super Cycle, *Research Report, Citigroup Global Markets*

Henderson, Brian, Pearson, Neil, Wang, Li (2012), New Evidence on the Financialization of Commodity Markets, *Working Paper.*

Herring, Richard, Wachter, Susan (2001), Real Estate Booms and Banking Busts: An International Perspective, *University of Pennsylvania Working Paper.*

Hicks, John (1939), Value and Capital.

Hicks, John (1969), A Theory of Economic History, *Clarendon Press.*

Hirshleifer, David (1990), Hedging Pressure and Futures Price Movements in a General Equilibrium Model, *Econometrica.*

Hong, Harrison, Yogo, Motohiro (2012), What Futures Market Interest Tell Us about the Macroeconomy and Asset Prices, *Journal of Financial Economics.*

Hu, Conghui, Xiong, Wei (2013), Are Commodity Futures Prices Barometers of the Global Economy? *NBER Working Paper.*

Hur, Jung, Raj, Manoj, Riyanto, Yohanes (2006), Finance and Trade: A Cross - country Empirical Analysis on the Impact of Financial Development and Asset Tangibility on International Trade, *World Development.*

Ibbotson, Roger, Kaplan, Paul (2000), Does Asset Allocation Policy Explain 40, 90, or 100 Percent of Performance, *Financial Analysts Journal.*

IMF（2009），Global Financial Stability Report，*October* 2009.

Institute of International Finance（2011），Financial Investment in Commodities Markets：Potential Impact on Commodity Prices and Volatility.

Irwin，Scott，Sanders，Dwight，Merrin，Robert（2009），Devil or Angel? The Role of Speculation in the Recent Commodity Price Boom（and Bust），*Journal of Agricultural and Applied Economics*.

Irwin，Scott，Sanders，Dwight（2010），Index Funds，Financialization，and Commodity Futures Markets，*Applied Economic Perspectives and Policy*.

Jensen MC.（2002）. Value Maximization，Stakeholder Theory，and the Corporate Objective Function. *Business Ethics Quarterly*.

Jensen，Michael，Meckling，William（1976），Theory of the firm：Managerial Behavior，Agency Costs and Ownership Structure，*Journal of Financial Economics*.

Johnson，Nicholas，Sharenow，Greg（2013），Is the Commodity Supercycle Dead，Pimco Viewpoint.

Jordà，Òscar，Schularick，Moritz，Taylor，Alan（2010），Financial Crises，Credit Booms，and External Imbalances：140 Years of Lessons，*NBER Working Paper*.

Jordà，Òscar，Schularick，Moritz，Taylor，Alan（2016），Macrofinancial History and the New Business Cycle Facts，*NBER 31st Annual Conference on Macroeconomics*.

Ju，Jiandong，Wei，Shangjin（2005），Endowment Versus Finance：A Wooden Barrel Theory of International Trade，*IMF Working Paper*.

Kaminsky，Garciela，Reinhart，Carmen（1999），The Twin Crises：The Causes of Banking and Balance – of – payments Problems，*American Economic Review*.

Kaplan Steve，Rauh Joshua（2010），Wall Street and Main Street：What Contributes to the Rise in the Highest Incomes，*Review of Financial Studies*.

Kashyap, Anil, Berner, Richard, Goodhart, Charles, The Macro-prudential Toolkit, *IMF Economic Review.*

Keeley, Michael (1990), Deposit Insurance, Risk and Market Power in Banking, *American Economic Review.*

Kendall, Diana (2007), Sociology in Our Times, P. 11.

Keynes, John (1930), A Treaties on Mony, *Volume II.*

Keynes, John (1936), The General Theory of Employment, *Interest and Money.*

Kindleberger, Charles, Aliber, Robert (2011), Manias, Panics, and Crashes: A History of Financial Crises, *John Wiley & Sons.*

Kilian, Lutz (2008a), Exogeneous Oil Supply Shocks: How Big Are They and How Much Do They Matter for US Economy, *Review of Economics and Statistics.*

Kilian, Lutz (2008b), The Economic Effects of Energy Price Shocks, *Journal of Economic Literature.*

Kilian, Lutz (2009), Not All Oil Price Shocks are Alike: Disentangling Demand and Supply Shocks in the Crude Oil Market, *American Economic Review.*

Kilian, Lutz, Murphy, Daniel (2011), The Role of Inventories and Speculative Trading in the Global Market for Crude Oil, *Working Paper, University of Michigan.*

King, Robert, Levine, Ross (1993), Finance and Growth: Schumpeter Might Be Right, *Quarterly Journal of Economics.*

Kiyotaki, Nobuhiro, and Moore, John (1997), Credit Cycles, *Journal of Political Economy .*

Krippner, Greta (2005), The Financialization of American Economy, *Social Economic Review.*

Krippner, Greta (2011), Capitalizing on Crisis, *Harvard University Press.*

Kroszner, Randall, Laeven, Luc, Klingebiel, Daniela (2007),

Banking Crises, Financial Dependence, and Growth, *Journal of Financial Economics*.

Krugman, Paul (1984), The International Role of the Dollar: Theory and Prospect, *Exchange Rate Theory and Practice*, *The University of Chicago Press*.

Krugman, Paul (1991), Increasing Returns and Economic Geography Paul Krugman, *Journal of Political Economy*.

Kupiec, Paul (1998), Margin Requirements, Volatility, and Market Integrity: What Have we Learned Since the Crash, *Journal of Financial Services Research*.

Kwan, Simon (2000), Margin Requirements as a Policy Tool, *FRBSF Economic Letter (Federal Reserve Bank of San Francisco)*.

Lane, Timothy (2015), Drilling Down—Understanding Oil Prices and Their Economic Impact, *Remarks to International Trade Association*.

Laeven, Luc, Valencia, Fabian (2008), Systemic Banking Crises: A New Database, *IMF Working Paper*.

Lazonick, W., O'Sullivan, M. (2000), Maximizing Shareholder Value: A New Ideology for Corporate Governance, *Economy and Society*.

Levine, Ross (1991), Stock Markets, Growth, and Tax Policy, *Journal of Finance*.

Levine, Ross (2002), Bank – based or Market – based Financial Systems: Which is Better, *Journal of Financial Intermediation*.

Levine, Ross (2005), Finance and Growth: Theory and Evidence, *Handbook of Economic Growth*, *Volume* 1A.

Levine, Ross, Zervos, Sara (1998), Stock Markets, Banks, and Economic Growth, *American Economic Review*.

Levine, Ross, Loayza, Norman, Beck, Thorsten (2000), Financial Intermediation and Growth: Causality and Causes, *Journal of Monetary Economics*.

Lin Ken – Hou, Tomaskovic – Devey Donald (2013), Financialization and U. S. Income Inequality, 1970 – 2008, *American Journal of Sociology*.

Madhavan, Ananth (2000), Market Microstructure: A Survey, *Journal of Financial Markets*.

Malmendier, Ulrike (2009), Law and Finance "at the Origin", *Journal of Economic Literature*.

Manne Henry (1965), Mergers and the Market for Corporate Control, *Journal of Political Economy*.

Manova, Kalina (2008), Credit Constraints, Equity Market Liberalizations and International Trade, *Journal of International Economics*.

Manova, Kalina (2010), Credit Constraints and the Adjustment to Trade Reform, *Trade Adjustment Costs in Developing Countries: Impacts, Determinants, and Policy Responses, World Bank*.

Marcus, Alan (1984), Deregulation and Bank Financial Policy, *Journal of Banking and Finance*.

Market Watch. com (September 23, 2013), Commodity Supercycle is "Alive and Well", *McKinsey & Co.*.

Markowitz, Harry (1952), Portfolio Selection, *the Journal of Finance*.

Martin Randy (2002), Financialization of Daily Life, *Temple University Press*.

Masters, Michael (2008), *US Senate Commerce Committee Oversight Hearing*.

Maugeri, Leonardo (2010), Beyond the Age of Oil, *Praeger*.

Mauss, Marcel (2006), The Gift: The Form and Reason for Exchange in Archaic Societies.

McCauley, Robert N., McGuire, Patrick Sushko, Vladyslav (2015), Global Dollar Credit: Links to US Monetary Policy and Leverage, *IMF Working Paper*.

McKinnon, Ronald (1973), Money and Capital in Economic Development, *Brookings Institution.*

Meltzer, Allan H. (2003), A History of the Federal Reserve, Volume I, *University of Chicago Press.*

Mendoza, Enrique, Terrones, Marco (2008), An Anatomy of Credit Booms: Evidence from Macro Aggregates And Micro Data, *NBER Working Paper.*

Merton, Robert (1969), Lifetime Portfolio Selection under Uncertainty: The Continuous – time Case, *the Review of Economics and Statistics* .

Merton, Robert (1971), Optimum Consumption and Portfolio Rules in a Continuous – time Model, *Journal of Economic Theory* .

Merton, Robert (1995), Functional Perspective of Financial Intermediation, *Financial Management.*

Minsky, Hyman (1986), Stabilizing an Unstable Economy, *McGraw – Hill Education.*

Mishkin, Frederic (1978), The Household Balance Sheet and the Great Depression, *Journal of Economic History* .

Mishkin, Frederick (2008), How Should We Respond to Asset Price Bubbles, *Wharton Financial Institutions Center and Oliver Wyman Institute's Annual Financial Risk Roundtable.*

Modigliani, Franco, Miller, Merton (1958), the Cost of Capital, Corporation Finance and the Theory of Investment, *American Economic Review.*

Morgan, Donald, Rime, Bertrand, Strahan, Philip (2004), Bank Integration and State Business Cycles, *Quarterly Journal of Economics.*

Morck, Randall, Nakamura, Masao (1999), Banks and Corporate Control in Japan, *Journal of Finance.*

Mork, Knut Anton (1989), Oil and the Macroeconomy When Prices Go Up and Down—An Extension of Hamilton Results, *Journal of Political Economy.*

Mou, Qiqun (2012), Limits to Arbitrage and Commodity Index Investment: Front – running the Goldman Roll, *Columbia University Working Paper.*

Mundell, Robert (1963), Capital Mobility and Stabilization Policy under Fixed and Flexible Exchange Rates, *Canadian Journal of Economic and Political Science.*

Muûls, Mirabelle (2008), Exporters and Credit Constraints, A Firm – level Approach, *Working Paper No.* 139, *National Bank of Belgium.*

Myers, Stewart (1977), Determinants of Corporate Borrowing, *Journal of Financial Economics.*

O' Hara, Maureen (1995), Market Microstructure Theory, *Blackwell.*

Page, Sebastien, Taborsky, Mark (2011), The Myth of Diversification: Risk Factors versus Asset Classes, *The Journal of Portfolio Management.*

Palley, Thomas (2007), Financialization: What It Is and Why It Matters, *Conference on "Finance – led Capoitalism? Macroeconomic Effects of Changes in the Financial Sector".*

Peck, Anne (1985), Economic Role of Traditional Commodity Futures Markets, *Futures Markets: Their Economic Role.*

Pecora Commission (1934), The Pecora Report: The 1934 Report of the Practices of Stock Exchanges.

Phillipon, Thomas (2010), Financiers vs. Engineers: Should the Financial Sector be Taxed or Subsidized, *American Economic Journal: Macroeconomics.*

Pindyck, Robert, and Rotemberg, Julio (1990), The Excess Co – Movement of Commodity Prices, *The Economic Journal.*

Polilo, S., Guillen Mauro F. (2005), Globalization Pressures and the State: The Worldwide Spread of Central Bank Independence, *American Journal of Sociology.*

Rajan, Raghuram (1992), Insiders and Outsiders: The Choice between Informed and Arm's – length Debt, *Journal of Finance*.

Rajan, Raghuram (2010), Fault Lines: How Hidden Fracture Still Threaten the World Economy, *Princeton University Press* .

Rajan, Raghuram, Zingales, Luigi (1998), Financial Dependence and Growth, *American Economic Review*.

Rancière, Romain, Tornell, Aaron, Westermann, Frank (2006), Decomposing the Effects of Financial Liberalization: Crises vs. Growth, *Journal of Banking and Finance*.

Reinhart, Carmen, Rogoff, Kenneth (2008), This Time is Different: Eight Centuries of Financial Folly, *Princeton University Press*.

Reinhart, Carmen, Rogoff, Kenneth (2009), This Time is Different: A Panoramic View of Eight Centuries of Financial Crisis, *NBER Working Paper*.

Ricardo, David (1817), On the Principles of Political Economy and Taxation, *Works and Correspondence of David Ricardo, Volume I, Cambridge University Press*.

Rostow, Walt Whitman (1980), The World Economy: History & Prospect, *University of Texas Press*.

Rousseau, Peter, Sylla, Richard (2005), Emerging Financial Markets and Early U. S. Growth, *Explorations in Economic History*.

Routledge, Bryan, Seppi, Duane, Spatt, Chester (2000), Equilibrium Forward Curves for Commodities, *Journal of Finance*.

Samuelson, Paul (1969), Lifetime Portfolio Selection by Dynamic Stochastic Programming, *Review of Economics and Statistics*.

Saul, S. (1985), Myth of the Great Depression 1873 – 1896, *Macmillian* .

Schwartz, Herman M. (2010), States Versus Markets: The Emergence of a Global Economy, *Palgrave Macmillan*.

Schularick, Moritz, Taylor, Alan (2009), Credit Booms Gone Bust: Monetary Policy, Leverage Cycles and Financial Crises, 1870 –

2008, *NBER Working Paper.*

Schumpeter, Joseph (1934), The Theory of Economic Development, *Harvard University Press.*

Skott, Peter, Ryoo, Soon (2007), Macroeconomic implications of financialization, *University of Massachusatts Working Paper.*

Shaw, Edward (1973), Financial Deepening in Economic Development, *Oxford University Press.*

Shiller, Robert (2000), Margin Calls: Should the Fed Step In? *Wall Street Journal, April* 10, 2000.

Shin, Hyun Song (2013), The Second Phase of Global Liquidity and Its Impact on Emerging Economies, *Remarks at* 2013 *Federal Reserve Bank of San Francisco Asia Economic Policy Conference.*

Singleton, Kenneth (2011), Investor Flows and the 2008 Boom/Bust in Oil Prices, *Working Paper.*

Smith, Adam (1776), Wealth of Nations.

Squam Lake Working Group on Financial Regulation (2009), A Systemic Regulator for Financial Markets, *Squam Lake Working Paper.*

Steil, Ben (2002), Changes in the Ownership and Governance of Securities Exchanges: Causes and Consequences, *Brookings - Wharton Papers on Financial Services.*

Stein, Jeremy (2010), Securitization, Shadow Banking, and Financial Fragility, *Daedalus* 139.

Stiglitz, Joseph, (1985), Credit Markets and the Control of Capital, *Journal of Money, Credit and Banking.*

Stiglitz, Joseph, Weiss, Andrew (1983), Incentive Effects of Terminations: Applications to the Credit and Labor Markets. *American Economic Review.*

Stockhammer, Engelbert (2002), Financialization and the Slowdown of Accumulation, *Cambridge Journal of Economics.*

Stoll, Hans, Whaley, Robert (2010), Commodity Index Investing and Commodity Futures Prices, *Journal of Applied Finance.*

Soros, George (2008), *US Senate Commerce Committee Oversight Hearing.*

Taleb, Nassim (2012), Antifragile: Things that Gain from Disorder, *Random House.*

Tang, Ke, Xiong, Wei (2012), Index Investment and the Financialization of Commodities, *Financial Analysts Journal.*

Taylor, Alan (2012), The Great Leveraging, *BIS Annual Conference.*

The Federal Reserve System, Its Purposes and Functions (1947), *Federal Reserve.*

Tomaskovic – Devey Donald, Lin Ken – Hou (2011), Income Dynamics, Economic Rents, and the Financialization of the U. S. Economy, *American Sociological Review.*

Useem, Michael (1999), Investor Capitalism: How Money Managers are Changing the Face of Corporate America, *Basic Books.*

UNCTAD (United Nations Conference on Trade and Development) (2015), World Investment Report.

UNCTAD (United Nations Conference on Trade and Development) (2012), Don't Blame the Physical Markets: Financialization is the Root Cause of Oil and Commodity Price Volatility.

van der Zwan, Natascha (2014), Making Sense of Financialization, *Socio – Economic Review.*

Vogel, Harold (2010), Financial Market Bubbles and Crashes, *Cambridge University Press.*

Volscho Thomas, Kelly Nathan (2012), The Rise of the Super – rich: Power Resources, Taxes, Financial Markets, and the Dynamics of the Top 1 Percent, 1949 to 2008, *American Sociological Review.*

Weinstein, David, Yafeh, Yishay (1998), On the Costs of a Bank – Centered Financial System: Evidence from the Changing Main Bank Relations in Japan, *Journal of Finance.*

Werner, Richard (2012), The Quantity Theory of Credit and Some of its Applications, *University of Southampton Lecture Notes.*

White, Eugene (2013), Competition Among the Exchanges Before the SEC: Was The NYSE a Natural Hedemon? *NBER Working Paper.*

White, William, Borio, Claudio (2004), Whither Monetary and Financial Stability? The Implications of Evolving Policy Regimes, *Federal Reserve Bank of Kansas City's Symposium on "Monetary Policy and Uncertainty: Adapting to a Changing Economy" at Jackson Hole.*

Woodford, Michael (2003), Interest and Prices: Foundations of a Theory of Monetary Policy, *Princeton University Press.*

Working, Holbrook (1960), Speculation on Hedging Markets, *Food Research Institute Series.*

Wurgler, Jefrey (2000), Financial Markets and the Allocation of Capital, *Journal of Financial Economics.*

Xu, Zhenhui (2000), Financial Development, Investment and Economic Growth, *Economic Inquiry.*

Zalewski, David, Whalen, Charles (2010), Financialization and Income Inequality: A Post Keynesian Institutionalist Analysis, *Journal of Economic Issues.*